第1辑

封面观点

COVER VIEWS

何万篷　著

iDSS 前滩综研
同济大学出版社
TONGJI UNIVERSITY PRESS

图书在版编目（CIP）数据

封面观点 . 第 1 辑 / 何万篷著 . -- 上海 : 同济大学出版社 , 2020.6
ISBN 978-7-5608-9218-4

Ⅰ . ①封… Ⅱ . ①何… Ⅲ . ①公共管理－研究－上海 Ⅳ . ① D675.1

中国版本图书馆 CIP 数据核字 (2020) 第 053959 号

封面观点 第 1 辑

何万篷　著

责任编辑：吕炜 | **责任校对：**徐春莲 | **封面设计：**完颖

出版发行：同济大学出版社 www.tongjipress.com.cn
（地址：上海市四平路 1239 号 邮编：200092 电话：021-65985622）
经　　销：全国各地新华书店、建筑书店、网络书店
印　　刷：上海安枫印务有限公司
开　　本：889mm×1194mm　1/32
印　　张：6.75
字　　数：181000
版　　次：2020 年 6 月第 1 版　2020 年 6 月第 1 次印刷
书　　号：ISBN 978-7-5608-9218-4
定　　价：55.00 元

作为智库，更要研究智库。前滩综研自主研发，摸索着搞了一套尚处于毛坯阶段的系统，实时跟踪全球 280 多家有活跃度和代表性的研究机构动态。

在汇编《全球智库动态》研究报告时，前滩综研收录了原创的《封面观点》专栏文章。准确而言，这些观点是对生动精彩调研活动的“吐槽”。它们是粗糙、零散、随机的，甚至是偏颇和情绪化的。但是它们皆源于真实生活和真切感受。作者不揣浅陋，将其结集付印。恳请大家“再吐槽”，予以批评教育。

高频度深入现场，让作者可能接收到了来自未来的清晰信号，也就是五大动能——开放经济、消费社会、科技创新、多元文化和智慧治理，这也是本书的基本框架。如果能为决策者和决策支持者带去零星的思想火花，作者将倍感荣幸。

作者简介

何万篷　He Wanpeng

上海前滩新兴产业研究院（前滩综研）院长、首席研究员、博士生导师，上市公司独立董事，中国统计学会理事，上海市宏观经济学会理事，上海市青联委员，上海市静安区政协常委。致力于建设扎根中国、融入全球的创客型智库，为新时代的高质量决策提供理性、实证、前瞻的支撑和保障。

研究方向聚焦于新兴产业、世界经济、国际关系、城市公共安全等领域。专于以复杂系统理论和数据挖掘方法，研究产业转型升级、贸易投资便利化、长三角一体化和“一带一路”等。

曾参加全国经济形势分析与预测座谈会。

开放性学术传播品牌活动“海论”“财经下午茶”的发起人、主持人。

序

周汉民

全国政协常委、上海市政协副主席

我平时喜爱读万篷先生的文章，尤其是2019年开始，他每天早晨推送给我的《全球智库动态》研究报告，我几乎每篇必读，特别是他亲自撰写的《封面观点》专栏文章，让我爱不释手，时有茅塞顿开之感。究其原因，概由于这些短小精悍的文字，观点犀利，言辞直率，直抒胸臆，赤子情怀。

何以见得？请看如下的标题：

《中国的崛起，归根到底是中国企业的崛起》《上海建设国际金融信息中心刻不容缓》《“体制释放”周期是中国经济之重要动能》《当下经济困难的本质》《区域一体化的三个“成”》《上海产业发展的“天花板”远没到》《忽视小企业，这才是最大的问题》《从“容器时代”进入“内容时代”》《消费是服务业之母》《中国隐形冠军：因慢而快，因坚守而弥新》《产业公地：日本制造的“幕后英雄”》《稳企业家才是“六稳”之本》《全球活动需要更多增值赋能》《“19年收获19个诺贝尔奖”的日本密码》《“无已大康，职思其居”》《有人，才有未来；有人才，才有更好的未来》

《经济体竞争，归根到底是治理的竞争》……

我想，我不用再做更多的诠释，读者看到这些引人入胜的题目，再看每一篇短文，大都会觉得，言犹未尽，但令人远思遐想。位卑未敢忘忧国，这是万篷先生的心声。思想的盛宴，不在长篇大论，而在精妙思考；思想的启迪，不在完整周详，而在火花迸发。读其文，知其人。因其每篇文章都这么短，我的序言就不能那么长。借用万篷先生在《分化的世界，不停步的中国》一文的结语作为结尾，“让内部安居乐业，让外部喜闻乐见”，这就是我们共同建设的中国，让我们继续为之努力。

说在前面

关于《封面观点》的封面观点

每个工作日发布的《全球智库动态》研究报告超过 10 页，研发的工作量可想而知。虽然有研究机器人的初步支撑，但是正所谓“人工智能人工做”，目前这个阶段，大部分的工作量还是由小伙伴们来承担。大活人，个个累成机器人。

更花功夫的，可能也更显功夫的，是每期的《封面观点》专栏文章。有朋友问，你们哪来这么多想法？哪一天江郎才尽，写不出来了，怎么办？我们的回答是，只要奔腾在全国的调研现场，而不是宅在大上海的舒适办公室，就不会匮乏热情畅想。各地生动而具象的深改革、新开放、再出发，孵化、催化出取之不尽、用之不竭的火花和灵感。我们唯一要做的，是对“感觉”进行实证或证伪，去除噪声，还其本色，实打实地报告给人家。

也有朋友问，你们横挑鼻子竖挑眼，有些观点失之偏颇，有些观点过于犀利。在此要向大家表示诚挚歉意。我们将尽可能地客观、冷静，但确实难做到 100% 的“中性”。顾准先生的手里，有一把思想的“冷冰冰的解剖刀”，这是非常高级的超脱境界，可能非我辈所能及。我们会情不自禁地自我设定或“代入”某种情境，各种鼓与呼，各种评判与吐槽，不想掩饰，更不想修饰。于是，有一些过头话，甚至不过脑子的话，在“爱之深责之切”的理由下脱口而出。

我们落落大方地认为自己有“屁股”，有立场，有价值观。这个立场和价值观，毋庸置疑地指向这个时代的公共利益。世界范围，都找不到绝对纯粹的智库！这个立场和这个价值观，要大胆大声地说出来。You have to speak up and speak out, otherwise, you are not going to make any impact.

别说圆滑，连圆融，都不是我们的风格。历史行到拐角处。“百年未有之大变局”，不允许研究机构耍滑头、装优雅、当墙头草，更不允许它以“一方面，另一方面”来模棱两可。

清晰而坚定，做好自己。

目 录

开放经济

“广东造箱子，苏南装箱子，义乌发箱子，宁波数箱子，上海数单子，新加坡核票子，伦敦数票子，纽约发票子”。

上海在全球供应链中增能、提速、升档，时不我待，责无旁贷。

中美贸易摩擦下的契机

特朗普是个卓越的 dealer（交易者），一个糟糕的 leader（领导者）。我们在和他 deal（打交道）的过程中，慢慢累积自己的全球 leadership（领导力）。

美国已经不再伟大，中国仍然不够强大。在此情境下，中国改革应顺流（市场规律）而下，中国开放应逆流（保护主义）而上。

“双趋弱”（外资外企投资扩张意愿趋弱，民资民企投资扩张能力趋弱）的局面，已悄然生变。底部已过，渐入佳境。

企业家要敢于拥抱不确定性，就是要“唯恐天下不乱”。创业者的使命，就是找缝隙、找断层、找落差、找脱节、找空白、找痛点。JUL 16, 2019

中国的崛起，归根到底是中国企业的崛起

1989 年，中国企业首入《财富》500 强，中国 GDP 占全球 2.2%。

1999 年，《财富》论坛首度来华，上榜《财富》500 强，渐成中国企业“图腾”。

2009 年，43 家中国企业入选《财富》500 强。同年，“中国企业 500 强”净利润总和也首度超过“美国企业 500 强”。中国 GDP 占全球 8.5%。

2018 年，中国 GDP 占全球 16.1%。

2019 年，《财富》500 强中国企业数量（129 家）首超美国（121 家）。

中国企业历史性崛起的关键，是外部环境嬗变（全球化浪潮、科技动能等）与内在禀赋优势迸发（城市化浪潮、市场育成等）的耦合。在能源和金融等国家资本密集型领域，汽车和房地产等有形物化消费领域，进步空前。但在教育和文化等无形精神消费领域，尚缺乏全球性的价值链控制力和价值观引导力。尤其是在大科学和技术策源方面，差距是代际的。

中国仍需“变”“让”“放”。政府侧要转变思路，

由以积极的产业政策为主导，转向以积极的企业政策为主导，果敢创造条件，开展自主性、极限型的压力测试。企业侧也要转变思路，超越粗放的产能扩张，超越原始的利润冲动，在科技创新的引领下，让悠久的中华文化和现代商业文明交相辉映，照亮地球村的共同未来。JUL 25, 2019

上海国资国企的持续迭代之路

国资国企是上海最大的存量资源，一直发挥着稳定之锚和发展之源的战略功能。回望过去 40 年，上海国资国企与时俱进、持续迭代。

1978—1992 年间，随着大流往前走。实行厂长负责制、探索股份制、推进劳动合同制。

第一轮真正意义上的大改革，始于 1993 年，标志性动作是“转体改制”，主要内容是将主管局翻牌为控股集团公司。

第二轮改革始于 2003 年，标志性动作是成立市国资委和市国资委党委。重点推进“3+3”，即向支柱产业集中、向大企业集中、向主业集中；纵向收缩国资层级、横向收缩国资跨度、点上收缩国资比重。

第三轮改革始于 2008 年，标志性动作是“开放性市场化企业重组”，主要内容简而言之，即资产资本化、资本证券化。

第四轮改革始于 2013 年，标志性动作是发布“上海国资国企改革 20 条”，主要内容简而言之，即以市场化、专业化、国际化为导向，发展混合所有制经济，以国资改革带动国企改革，提升国有经济活力、控制力、影响力、抗风险能力。

第五轮改革，还在千呼万唤中。至少受四大因素的影响：市场经济基本规律、改革开放渐进逻辑、国际博弈斗争形势和国内政情社情。真心希望能打破“挤出效应”，发挥“瀑布效应”，规避“合成谬误”。JUL 26, 2019

苏浙沪企业家新素描

浙江企业家辉煌了30年，迷失了3年，正在进行第3次集体创业。江苏企业家不赶前不赶后，随着大流往前走。上海企业家“夜里想到千条路，早起依然卖豆腐”。

浙江企业家，喜欢或是恼怒，比较情绪化。先是把商品作为信仰，后转向资本，推动浙江由商品经济阶段向资本经济阶段升级。上海企业家则由“专业”主义走向“要素”主义。江苏企业家“稳”字当头，是长跑型选手。

大家的脑子都很好，但是在语速上差别很大：上海和江苏企业家语速都很快，浙江企业家语速很慢。但是，浙江企业家反应超快，仅掌握20%的信息，就会做出100%的决策。他们甚至只研究对手，不研究自己。而上海企业家可能看到了、悟到了，对自己和对手横研究、竖研究，很辛苦，却缺乏行动。江苏企业家只研究自己，一慢、二看、三通过。

浙江企业家到了上海，再走出去，算是哪里的企业家？这就更有趣了。需要展现成长性时，他们是“浙商”；需要展现规范性的时候，他们就是“新沪商”。浙江企业家到了江苏，多数是乘兴而来；江苏企业家到了浙江，多数是满载而归。上海企业家走到苏浙的成功案例？不多。AUG 1, 2019

上海建设国际金融信息中心刻不容缓

美国对华的“整体斗争”或者“全面斗争”在两个层面渐次展开。第一个层次是“政治战”。第二个层次是在“政治战”统领下的一系列阶段性摩擦，按时间序列，是贸易热战、技术冷战、金融暗战和可能的擦枪走火。

在兰德公司宣示的“政治战”统领下，美方挑起的极限施压式摩擦不断升维，贸易热战是初阶形态，技术冷战是中阶形态，金融暗战是高阶形态。金融暗战的牛鼻子是金融信息战。

如果说贸易热战尚是我们相对熟悉甚至擅长的领域，技术冷战则由于我们的“先手棋”和“备胎计划”，让特朗普倍感“意想不到”，不得不有所收敛。随后的金融暗战，是我们不擅长的，风险更大、冲击更强、控制更难。必须未雨绸缪，前瞻开展情景模拟，储备调控工具。

现在已经进展到技术冷战和金融混战交错的阶段。在这一阶段，美方的武器将从技术脱钩转向财经领域真真假假、虚虚实实的信息战。如果说商品的一般等价物是货币，那么货币的一般等价物无疑就是信息。而财经信息尤其是金融信息的全球化生产和流通，财经信息市场的全球化控制和影响，仍被美国一统天下。防范金融风险，既要从国内整顿着手，也要发力应对国外信息的复杂干扰。

我们要把此事提升到战略的高度、系统的宽度、全时的精度，应重点围绕“自主生产、综合营运和增值应用”诸环节，构筑具有全球竞争力的完整产业链。不能满足于当国际财经信息运营商的“二道贩子”，不能忽视综合能力不足、市场深化不足、制度引导不力、措施保障不力等问题。建议“国引民进”，培育若干标杆企业，推动其成为财经信息市场的全球冠军，“在上海，为全国，服务全球”。

上海要建设国际金融中心，首先要建设国际金融信息中心。国际金融信息服务业创新发展，是战略性、基础性供给，应充分感知全球市场演化，参与金融信息博弈，培育本土金融信息企业，发展金融信息市场，引领金融新秩序。AUG 2, 2019

产业优选的五个层次

在发展产业的时候，我们需要考虑其自身的规律，并参考以下原则、工具与层次。

原则：广开口、精聚焦。

工具：漏斗 + 筛网。

五个层次：

第一层次——成长性（年成长率低于 GDP 增速 N 倍的产业，不予以考虑）；

第二层次——规模性（预期销售收入低于 N 亿元的产业，不予以考虑）；

第三层次——带动性（产业带动系数低于 N 的产业，不予以考虑）；

第四层次——控制性（无法吸引 N 级节点企业的产业，不予以考虑）；

第五层次——技术性（大数据、人工智能和高速计算网络等技术的预期渗透率低于 N 的产业，不予以考虑）。AUG 13, 2019

透过“流量经济”看中国香港

市场经济是流量经济，贵在“共建共享，互联互通，流留结合，以流促留”。

“基于自由贸易制度的创新要素流动便利化。”问题是，现在还有多少“创新要素”经由中国香港这个超级码头，在国外市场和国内市场之间增值流动呢?

“绝对便利、相对便宜、本质公平、全面安全。”这曾经是中国香港这个超级码头的禀赋（自由营商环境），曾经孵化、催化了量大面广的中小微企业。但当纽约响亮喊出“我们喜欢小企业”时，中国香港已退步为“大企业的大本营”。

“业态纯化，导致功能退化。”新加坡制造业依然保有 17% 左右的 GDP 占比。而中国香港，只有一个主导产业：金融。如果非要再找一个，就是地产，但地产是金融的应用场景。此外还有一个持续式微的文化产业。区域发展三大关键驱动要素（Key Driving Factor，KDF）：科技创新、金融创新、文化创新，3 in 1。科技创新是躯干，金融创新和文化创新是翅膀。

没有躯干，你打算将翅膀插在哪里?

“年轻人没出路，区域经济就没出路。”绝大多数中国香港青年爱国爱港。要反思的是，中国香港为年轻人做了什么? 有没有及时出台青年友好型、促进型政策? 这个“超级码头”（“加油站”+“收费站”）的明天，归根到底是年轻人的。只有年轻人具备了给别人“加油”（流量）的能力，才会有向别人“收费”的权利。AUG 19, 2019

临港新片区当学深圳，深圳示范区当学上海

改革开放的生动写照和精彩缩影，非沪深莫属。密度最高、能级最强、活力最足的两大城市，代表着中国特色的两种范式。上海是基本盘，强调在规范中全面稳健发展，不容起落闪失。深圳是试金石，强调在发展中扬弃重构规范，可试错容错。没有最好，只有最适合，适应性造就复杂性。于是，上海成了全能型综合冠军，示范—复制—推广。深圳成了尖兵型特色先锋，特定地域—特定领域—特定政策。

我们不能假想上海“深圳化”，或深圳“上海化”，但互学互鉴，必不可少。上海在当好定海神针、综合兜底的同时，要重新成为“冒险家的乐园”，就必须借助新片区，“以极点思维，谋拐点效应”，打破相对钝化之状态，催生更多“现象级事件、颠覆性创新、传奇式创业”。而深圳在做好单兵突进、先行先试的同时，要从“国之锐器”迭代为“国之重器”，发挥更大的示范牵引作用，将成功之路延展化、普遍化、广泛化。

每个城市都要回答：在新时代高质量发展的大局

全局中，自己的新担当是什么？上海将追求显著的“极点化”，深圳将追求全面的“示范化”。您的城市呢？AUG 21, 2019

“体制释放”周期是中国经济之重要动能

经济周期是“4+1”：首先是3～4年短周期——基钦周期，核心观测指标是存货增减；其次是9～10年的中周期——朱格拉周期，核心观测指标是设备投资占GDP比重的起落；再次是15～25年的建筑周期——库兹涅茨周期，核心观测指标是建筑业的兴衰；然后是50～60年的长周期——康德拉季耶夫周期，核心观测指标是科技和产业革命。

以上是“4”，而“1”是熊彼特在其“创造性破坏理论”的基础上，对各种周期理论综合分析后提出的综合周期。他认为，每个长周期内有中等创新牵引导致的波动，形成若干个中周期；每个中周期中还有小型创新牵引导致的波动，形成若干个短周期。

中国经济之“动能”，在于经济运行遵循上述“4+1”周期理论外，还有个完全中国特色的“1”——“体制释放”周期。有序“释放”在三个方面：有民主的政治管理+有管理的经济民主+有引导的社会自治。有的地区各种垫底，表面看掉进“资源魔咒”，实则陷入“体制释放瓶颈”，思维钝化、改革不彰。而另有些地区大踏步革除旧制、推行新规，战略深嵌入、资源全集成、要素总动员。就国家整体而言，如果只有“4+1”，那只能是追赶型经济体；如果是“4+1+1”，就可能成为赶超型经济体。老美怕的，就是中国特色的那个“1”。 SEP 2, 2019

以极点思维，谋拐点效应

10

临港新片区是上海在新时代背景和高质量要求下，改革开放再出发的战略性空间和标志性平台。政策突破是应有之义，政策之优、新、特、准、全，都是创了历史纪录的。这是真正的“以极点思维，谋拐点效应”。这些政策对接了市场主体在税制、土地、人才等方面的迫切需求，对照了上位要求，对标了国际最高标准、最好水平。这些政策突破，将在新片区的土地上，牵引、催化出一系列深远的创新变革。

国际最高标准、最好水平，不是抽象的概念。我们必须具象地开展综合比较和专项比较。综合而言，新片区的政策具有相当的后发竞争力。不过在细节上，与迪拜、新加坡、釜山等城市政策相比，仍有较大的提升空间。比如边界清晰的政府职能设定，高度开放的经济运行体制，功能集成的贸易服务促进，事前—事中—事后联动，奖惩联动的全链条信用监管，“创新沙箱[①]”的广泛运用等。我们还可以放眼日本的国家战略特区、法国的工业版图计划等。新开放、再出发，是动态的，是持续迭代的。

“临港 50 条”是难得的制度供给工笔画，未来一定会继续技术化、可操作化。希望它解决“最后一公里”问题，也就是让受众看得懂、有感受，接得住、能参与，有获益、能传播。新片区的成功，将是世界级营商环境的成功，具体而言就是“绝对便利、相对便宜、本质公平、全面安全”，这也是后续落地要注意的领域。当下，制约新片区飞出“金凤凰”的最大短板，是对外交通。新片区交通“国际一流（融合空港、海港、信息港）、国内二流（有轨交，有高速公路，无高铁）、上海三流（轨交密度太低）”的现状，必须在最短时间内打破。市场经济是流量经济，交通基础设施承载着资源要素的便捷、增值流动。**SEP 3, 2019**

① 创新沙箱是在特定区域和特定领域，对创新进行封闭测试，使其在特定的时间窗口免除复杂而严格的正式监管。

湾区：从“你我他”到“我们”

湾区，是生产力的容器，是承载空间。湾，滨水，是特色。区，一体化，是本质。一体化的 1.0，是“市场通”（市场对接），2.0 是“道路通”（各类基础设施对接），3.0 是“规则通”（政策对接），4.0 是“政治通”（顶层战略对接）。市场力量是根本性的、连续性的，行政力量有时是拉锯式、脉冲式的，要逐渐解决“合成谬误”，进而实现从“你我他”到“我们”的迭代。

湾区有多种分类。从空间尺度看，有超大型湾区（比如东京湾、纽约湾、粤港澳、杭州湾等）和迷你湾区（比如尔湾等）。中国人自上而下，强调大湾区建设，忽视小湾区开发，把湾区当园区。国外的路径正好相反。它们往往因湾而异，以人为本，去营造生态之城、文明之城、便捷之城。

从空间关系看，有次区域（毗邻区域）和跨区域（非接壤区域）。因为区域竞争，往往导致“近邻不如远亲”，大家都主观上高攀远亲，客观上藐视近邻。所以，大家看到，“次区域融合”（比如浙江宁波的余慈一体化）走走停停，“跨区域联动”（比如激活对沪合作）高度同构。

从政企关系看，有行政主导型湾区（如东京湾、渤海湾），市场主导型湾区（纽约湾、粤港澳），各界合作型湾区（如北欧厄勒海峡地区）。不管哪种类型，都涉及市场力量、行政力量和社会力量等利益相关者。成功的，都是顺势而为的。失败的，都是逆势而为的。这个“势”，就是市场主体的诉求。几乎看不到仅凭单方力量，就能精明成长、持续发展的湾区案例。渤海湾的问题，是行政力量挤出了市场力量。粤港澳的问题，是行政统合能力相对缺一口气。

特别说说浙江大湾区，重心应该放在宁波湾区：第一，都在省域内，好协调；第二，市场呼声高，有产业协同需求；第三，中心开花，对全省带动性强；第四，宁波（而不是杭州）代表浙江经济基本面（外向经济、实体经济、民营经济、数字经济、海洋经济）；第五，浙江要唱好“双城记”，迫切需要强化优化宁波都市圈。现在说到浙江大湾区，就约等于杭州湾，约等于杭州湾南岸，约等于杭州湾新区（今后可能被约等于前湾新区）。这片宝地，以区域协同促整体发展的空间不大、效果不彰，应该以“极点思维”替代“湾区思维”，高举高打、先行先试，实现跃升和崛起。SEP 19, 2019

国引民进，混序共生

国有、国营、国资、国企，常被混淆。国有，是所有权性质；国营，是运营模式；国资，是资本形态；国企，是企业类型。现在，国有还是量大面广，国营（其实是“国有且国营”，government－owned & government－operated，GOGO）越来越少。问题集中在国资（尤其是经营性国资）和国企（中国特色之问：国企是企业吗），如何既可合、更可分？为什么有那么多的批评声音——“国进民退”？为什么僵尸企业多是国企？有人说是局部现象，有人说是历史误会，有人说是现实但不真实……

据前滩综研观察，不存在所谓的“国进民退”统一部署或具体计划。在特殊情况下，国资或国企“阶段性”顶上去了，但初心绝非“挤出”社会资本。市场是决定性的，这个共识是空前清晰、广泛和稳定的。但是我们要反思，同样是面临经济下行的压力，社会资本为什么收敛得更快？原因是国资国企更容易获得逆周期的综合性资源支撑。一个在“主动”被动收缩，甚至被残酷“蒸发”，另一个则上有金钟罩、下有硬兜底。结果是显而易见的。

作为追赶型经济体，实行“二人转”式的“政－企双动力耦合体制机制”，其必要性毋庸置疑，否则很难实现赶超（经济总量2005年超法国、2006年超英国、2009年超德国、2011年超日本，2019年世界500强数量超美国）。但是在深改革、新开放、再出发之际，我们已无法回避“市场主体公平获取资源”这个既深又浅、既大又小的问题。“政”要回撤，如何回撤？做少国企。“企”要前突，如何前突？做强民企。两者如何结合？国引民进，混序共生！

深圳国资基金群即是典型。深圳国企不显山不露水。深圳国资悄悄托举起了诸多叱咤全球的创新型民企。在这个过程中，民企是绝对主角，国资是可靠伙伴，民企因国资而更有竞争力，有更快成长性，国资和民企咬合在一起澎湃向前。SEP 26, 2019

中国的很多问题在于“中”

——中等收入阶层。到底如何定义？这个群体有多大？是生活质量的概念，还是收入分配的概念？是职业结构，还是社会结构？是哑铃型，还是橄榄型？他们的诉求在朝哪些方向迭代？到底是社会稳定器，还是矛盾催化剂？

——中部地区。融合东西、对接南北，是中国的“脊梁”。只有“脊梁”挺直了，中国巨人才能行稳致远。如果中部塌陷，羸弱无力，“不是东也不是西，真不是东西”，势必连累大局全局。

——中心城市。国家中心城市在国家城镇体系中，处于顶端，具备全国性的引领、辐射与集散功能。一般指在一定区域内和全国社会经济活动中处于重要地位、具有综合功能或多种主导功能、起着枢纽作用的大城市和特大城市。几个算够？什么样的空间结构算优？

——中等城市。中等城市被认为是连接大城市和大农村的中间地带，是区域经济发展龙头，是承接产业转移和劳动力的主阵地。根据最新标准，城区常住人口50万以上、100万以下的城市为中等城市。随着各地撤县（市）设区，这个medium-sized City的size，要不要再调整?

——中间产业。生产性服务业（生产者服务业），早已超越制造服务化、服务制造化范畴，已是关乎技术地育成、服务地渗透、金融地助推、人力地支撑、消费地促进等方面。进入改革开放下半场（前40年是上半场，主要PK制造业），中国的产业竞争力、控制力、影响力要充分崛起，中间产业跃升是必由之路。

——产业中台。以上海的金融服务业为例，有前台（face to face，以人工现场服务为主）—中台（集聚于陆家嘴地区，以要素平台运作为主）—后台（比如张江的IT响应集群）—远台（今后临港新片区未来的离岸跨境业务）服务链。目前的短板，还在于产业中台的国际PK能力。

——企业中层。日本著名管理学家大前研一曾说:“全球产业界有一个共识，就是‘企业变革的敌人是中层’。”我们有任正非那样的全球商业卓越领袖，也有量大面广的普通从业人员。最缺的，是用现代理论武装起来的、具有智慧工匠精神的专业管理层。佛系，不争，低欲望，太听话，无血性……OCT 21, 2019

当下经济困难的本质

经济的本质是财税问题。财税问题的本质是企业发展问题。企业发展问题的本质是大企业发展问题。大企业发展问题的本质是流动性风险的化解。

资金流的接续太重要了。在跌宕起伏、峰回路转的导向下，金融机构控风险、缩贷款，一定程度上打乱甚至打断了企业资金节奏。我们的大企业也难辞其咎，商业动能迭代乏力，债务率高企，有一部分还沉迷于财政和银行贷款套利模式。政策对大企业持续健康发展的关注和保障不够。不少企业家心有忐忑，如惊弓之鸟，不敢扩，不敢投，且“缩”且“撤”。

前几年的“双创”潮，要反思调整。我们花了太多资源在“大众创业万众创新”上，有些地方对大学生创新创业，激励过头。中外的“创新创业”有个显著区别。西方发达国家更多是“创新驱动创业”，更多是纯粹的创新，出发点是情怀；而我们更多是“创业驱动创新”，出发点是发财。人家的创业是创新的很自然的结果；我们的创业，很多时候把创新当成了道具，一毕业就创业，走出课堂，走进商场，PPT 融资，三五年套现，香车宝马。实际上，很多“双创”离开了财政补贴，一天都活不下去。人心浮躁，不愿意做基础性、基本性的工作。这个风潮如果持续10年，将是非常危险的。

有个数据：29%的受访大学生有创业意向，2.9%付诸实施，仅0.29%存活下来。人力资源配置被扭曲，被低效使用，被浪费。谁最应该去“双创”？职能部门的处长们最有条件，而不是空有激情的大学生。处长们衣食无忧，关系广泛，对社会和经济有足够的认知，对成本和风险也有足够的化解能力。

不妨学学特朗普。他提出来“pay as you grow”（支付—成长挂钩）——对处于生命周期不同阶段的企业，给予精准的制度供给。给大企业强补贴，让它们长成全球冠军。给小企业直接减免成本，让它们活下来。而不是给大企业送装修费等小恩小惠（人家眼都不开，我们在调研中发现，成本不是大企业优先考虑的事项）、给小企业送真金白银（可能诱使小企业靠财政扶持过日子）。OCT 24, 2019

“三三三”企业最可贵

长三角地区最活跃的动能，集中于这个类型的民营企业群体：三亿元产值，三千万元利润，三百名员工。在大量的企业调研中，我们强烈感受到，它们不是镁光灯下的“头部”，却是代表区域经济的“肌肉”；在它们的创新转型背后，集合着过往的奋斗、当下的诉求、未来的探索。

在正常的市场/行业格局中，企业一般呈橄榄型分布。头部、腰部和尾部企业，占比大致是20%，60%，20%。市场需求量大、利润可观，但是竞争对手众多的中间段，也就是“腰部”企业，是基本面、基础盘。

多少有点尴尬的是，在现行政策/制度供给中，尤其在“万亿元产业集群”“千亿元产业集群”的发展导向下，“头部”被追捧，是大领导的座上宾；“尾部”被激励，是职能部门的服务重点；而“腰部”高不成低不就，甚至“爹不疼娘不爱”。它们的发展，过去可能源于“没人管”或者“管得少”（浙江的隐形冠军多是如此）。未来呢？政策/制度供给方面，要不要“拖拽”一下？要不要“顶推”一下？

我们不妨放宽视野。中国企业在全球价值链中，正处于“腰部”阶段！政策 / 制度工具的组合应用，是我们既熟悉又陌生的课题。熟悉，是因为过去 40 年的“放水养鱼”。陌生，是因为过去 40 年的成功路径，不一定能贯通到未来 40 年。

我们的初步建议是，继续奉行积极的企业政策。同时，通过产业政策，把“腰部”企业从数量型引导到质量型发展模式上。推进基于“大质量观”、以共性服务平台为支撑的“腰部”企业治理，顶层优化、末端放手，过程包容，手段民主。

还是那句话，“腰好了，一切都好”。因为“腰部”企业是中间力量，更是中坚力量。NOV 6, 2019

中国经济底部已过，渐入佳境

全球经济增长下行了一段不短的时间，中国也难以独善其身。大环境和大引擎（中国经济）相互作用，产生了下行的“漩涡效应”。各经济体都在自救。多边或双边组织/框架的作用，空前下降。各方财经政策缺乏协同性，远非是“相向而行”。总体而言，各方的货币政策尚是正常的、正确的。这是不幸中的大幸。

中国经历了“挨打”和“挨饿”的阶段，进入了“挨骂”新阶段。反向说明，我们走在正确的道路上。地球村里，“挨骂”最厉害的历来是老大，是美国。中美之间将是双轨制关系，局部脱钩和深度嵌套并举。全球化将在逻辑重构中重新加速，我们不能继续沉浸于对全球化退潮的本能性恐惧中。特朗普的“三板斧”，让我们踉跄了一下。他以前所未有的速度和力度，松动了国际旧秩序，让我们有机会顺势参与甚至引领新秩序的建设。让他做嚣张的 dealer 吧，我们要慢慢累积更具包容性的 leadership。

我们当然要改进政策，但没必要自我怀疑。反对在“改进政策”的过程中，有形之手过度作为，混淆了市场主体和市场参与者。围绕降低制度交易成本的政策安排，应实现结构性优化，而不是用财政一买了之。比如：给新设市场主体简化程序是对的，但是如果以财政补贴的形式，豁免必要 / 基本的开办成本，对其他的市场参与者而言，可能就是一种新的不公平。各地政府给新企业刻公章买单，不见得是个好做法。

我们的底气，是规模。我们的劣势（同时也是优势），是不均衡。我们的解决方案，是推动国内经济的公平竞争。当然，政府不可以和市场主体去竞争。在改革的牵引下，底部已过，渐入佳境。我们要打破改革和发展的“跷跷板关系”魔咒。要摆脱“幸存者偏差”，不当“路灯下的醉汉”（严重的风险厌恶型路径），努力规避“合成谬误”。NOV 7, 2019

服务业最在乎什么

当前，全球服务经济发展呈现以下特点：

——投资和贸易相互牵引、深度融合，催生、推动服务贸易高速发展；

——服务业的业态和模式不断迭代，边界越来越模糊；

——专业服务业成为服务经济的基石，其集聚度、活跃度和贡献度，决定着区域服务经济的能级、规模和成长性。

服务业企业最在乎的，不是便宜，是“绝对便利、本质公平和全面安全”。服务业是去中心化的、分布式的，更精准地说，是大分散、小集聚。人才服务—专业服务—消费促进—综合服务，渐次传导。

城市的密度、能级、核心竞争力，越来越由服务业来总成。服务业的充分发育，能优化生产力布局（尖峰—高原—廊道—网络）。各世界城市都在狠抓服务业的“并表”，来对冲“分流”。服务业发展，都需要一个“入口级”的功能性平台。比如纽约的金融、杭州的旅游。NOV 8, 2019

自贸试验区政策期待更多差异化的探索

13

小伙伴在地毯式梳理18个自贸试验区的政策时，突然吐槽：如果对自贸试验区政策“查重”，80%都一样……课题组就“炸”开了。到底怎么看待这个80%呢？

如果正面理解，这说明复制推广工作做得好啊，大家比学赶帮，一起长进。大家都在建立健全“3+1”模块（投资自由化、贸易便利化、金融国际化，治理现代化）上发力；都为了打造“绝对便利、相对便宜、本质公平、全面安全”的营商环境；同时，也说明各地英雄所见略同……

但是如果高标准严要求，说明各自贸试验区“大胆试、大胆闯、自主改”的空间还很大，和属地化、阶段性禀赋的结合度可以提高。更关键的，差异化探索的红利，远未开掘出来。

何谓差异化探索？就是以新时代高质量发展为主脉络，对特定阶段、特定地域、特定领域，配以特别政策和特殊措施。

为什么缺少差异化探索？其实就两条原因：第一，

缺乏市场化的应用场景，企业的诉求不强。没有应用场景，差异化措施自然是无本之木、无源之水，哪能凭空谋划出来。第二，怕管控不好，风险厌恶倾向强烈。本级是这样，上级也是这样，谁也不想让压力测试落在自己身上。

可能还有个认知上的误区：既然从“要素流动型开放”，向规则等“制度型开放”切换，那么这个制度的通用性、普适性要求肯定很高，制度就不能太“冒尖”。实际上，“制度型开放”的初心，是保障和提升要素流动的水准、能级。“制度”上不去，“流动”自然也上不去。

很欣赏上海自贸试验区临港新片区的未来引领性做法：从 2050 年、2035 年、2025 年，来审视当下的“断头路”“肠梗阻”和“红灯”，面向未来，定义未来。NOV 12, 2019

区域一体化的三个“成”

12

是不是可以用最简单的语言——生成、合成、分成，来解释区域一体化。

首先是在各自既有动能的基础上，通过协调、协同、协作，生成新的动能。这个新动能，是大家的常规动能在相互触发、相互接续中，得以增强或激活的。因为你，我更好；因为我们，大家更好。比如做蛋糕，各人带着自家蛋糕，拼在一起，总量没有发生变化。但是如果大家都带着独家酵母、优质菌落，帮着把对方的蛋糕发得更大更香，增量就出来了。

这就需要一个强大的公共平台。它可以是有形、有限的空间(即“产业公地”，由哈佛大学教授加里·皮萨诺等人提出，大意是公共平台、能力网络和生态体系)，可以是无形、无限的市场（基于共同标准的统一大市场），也可以是充盈的资金池、开放的项目库、灵敏的“消息树”（资讯共享）。最关键的，是制度供给的合成性。同一屋檐下，分家分工不吵架。公共平台的使命，就是让你我他调频适配，少些干扰，多些共情，激励大家把“酵母”“菌落”贡献出来。这样的话，蛋糕能越做越大，可持续地做大。

所谓分蛋糕，分的是新蛋糕比旧蛋糕多出来的部分。分旧蛋糕，寸步难行。但即便是分多出来的部分，也不一定皆大欢喜。这就要讲政治规矩、经济规律、市场规则和技术规范。区域一体化实践“惊险一跃”，就体现在分成上。“跃”得好，效能倍增；“跃”得不好，一夜回到解放前，所有努力归零。

长三角区域一体化，在三个“成”的维度上，既有大写意，更有工笔画。NOV 22, 2019

百年未有之大变局，是对我方有利之大变局

有相当一部分人认为，大变局就是大挑战，而且是百年未有之大挑战，前行路上荆棘密布，充满各种未知的陷阱泥沼，我们得悠着点、保守点，甚至可以战略回撤，工作做得差不多就行，没有必要拉满弓绷紧弦，走一步看一步，且看且行……

这种想法，大错特错。

大变局，指竞争态势此消彼长的重大而不可逆的调整变化。我们的竞争能力，从基础性阶段，到模块化阶段，再迭代到当下的系统性阶段；竞争效果，从全面跟跑，迭代到局部并跑，再到当下的专项领跑。我们在地球村的待遇，从“挨打”状态，到“挨饿”状态，迭代到今天的“挨骂”状态。为什么挨骂？因为我们的绝对体量和相对速度，已经并将继续扰动人家的奶酪。而且，我们走的是一条共同体特色鲜明的包容发展之路，和人家的格式化、排他性路径迥异，他们不来“骂”我们，“骂”谁啊？

大变局之“变”，还可从内外两个维度来理解。外部之变，纷繁复杂中也有清晰之处，我们的对手从

思想、道德、舆论制高点跌落，其制度瓶颈愈发凸显。内部之变，既有“优”（制度逐渐定型、成熟的优势），也有“忧”（中间传导变化走样，价值观体系尚未完成重构，金融等领域抗冲撞能力亟待提升）。

本该是“准确识变、科学应变、主动求变”。但在现实当中，可能更多的是一知半解地识变、亦步亦趋地应变、不得要领地求变。自然，就拿不出“先手棋”，就无法谋划“一盘棋”，不能通过“善制”和“善治”，有效实现动能转换。这才是最大的现实挑战。

重复一遍，大变局是变中利我、变中向好，是必须牢牢抓住的战略机遇期。NOV 27, 2019

努力把“桥”建得更好

长三角一体化规划纲要的公布，引发各界热议。有人认为“上海被加冕”，“带头大哥”的地位被进一步巩固。还有人研究词频，说整个文件中，提及上海的次数（50 次），超过了提及南京、杭州、合肥的总和（分别为 14 次、14 次、13 次）。但是也有专家担心，一体化就是大分散、小集聚，上海的“经济水面”（经济总量）会更大，但是“经济水位”（城市能级和核心竞争力）可能下降。

想起前滩综研《全球智库动态》研究报告最近转载的美国企业研究所（American Enterprise Institute，AEI）的一篇文章告诫说，美国的最好选择，应该是“努力把自己这座‘桥’建得更高（work harder on raising the bridge），而不是降低‘河水的水位’（lower the river）”。

市场经济是流量经济，互联互通、共建共享、流留结合、以流促留。在流和留的交互中，通过道路之桥、信息之桥、制度之桥、人才之桥、资金之桥等，形成了尖峰—高原—廊道—网络的生产力布局。我们不能寄希望于趟水前行，更不能指望踩着干涸的河床到达彼岸，只能是架设桥梁，还得保持“净空”。

一座城市的活力取决于“流量”，取决于能否吸引更多的人才、市场主体、创新要素集聚，实现高频次的经济活动。

因而，首先需要构建一个“入口级平台”，通过科技赋能、功能叠加、跨界融合，让这些入口级平台更具吸引力、创造力和竞争力。

其次，城市活力的释放还需要承载要素自由流动的通道和管道，对外融入区域发展、全球价值链的大循环之中，对内促进小范围要素协同，重构城市空间格局。

再次，营造国际化、高品质的生活居住环境和便利化的营商环境，为集聚外籍人士、海归人才、全球性服务机构和企业集团创造条件。

上海如何架“桥”？必须“准确识别、科学求变、主动求变”（上海变化很大，变化大很正常，变化不大就不是上海），必须“全国未动、上海先行”，必须“全面输出，提供服务”，必须“面向全球，面向未来 / 定义未来”，必须双招双引——招商引资、招国际组织引全球活动，必须实现次区域融合、跨区域联动。

上海的“桥”，不仅通向长三角的另外40个城市（向下兼容），通向全国，还得通向纽约、伦敦、巴黎、东京（向上迭代），通向全球。不仅是便利地通，还得自由地通。上海这座“桥”上，只有“加油站”，没有“收费站”。DEC 3, 2019

中国经济学家趣事

坊间流行一句话，防火防盗防记者防专家，尤其是经济学家。这怪不了别人。

一些经济学家总是两只手“一方面，另一方面”（杜鲁门有一次很不耐烦地说：“给我找一个独臂经济学家来”），总是到明天都解释不了为什么昨天的预测今天没兑现，总是 10 个人有 11 个观点，总是能在过去的 5 次危机中预警 15 次，总是消极冷眼看世界，总是不食人间烟火，总是不知道已到何处、将去何方，总是“不知道自己知道什么”，总是“宁可含含糊糊地对，也不愿严谨无误地错”，总是做最杰出的糊涂虫……

有个经济学家，他的同学都想揍他，因为大家相信了他十数年如一日的预测——房价即将大跌，而放弃了无数次买房机会，将辛苦积累的财富全部投入中国资本市场。有个经济学家出了一个扩大 GDP 的招数：找一帮人挖坑，然后让另外一帮人填坑。这个“坑”可真大啊！

三个故事。第一个故事：论坛马上开始，有个经济学家说嗓子坏了，讲不了了，主办方提出增加劳务费……嗓子立马好了。第二个故事：有个经济学家，每到一个地方，总是问：上次的讲课费还没给吧？附近的邮局在哪里（汇款）？第三个故事：有个经济学家的开场白直奔主题——我要讲的都在我的书上，更全面、更精彩，书我带来了，价格是……可见，经济学家确实懂经济，尤其懂自个儿的效用。

如果说，中国改革开放打破了传统经济学的窠臼；那么，当下中国经济的境况，是否和一些中国经济学 / 家的羸弱有关系呢？ DEC 6, 2019

上海产业发展的“天花板”远没到

全国发展顺风顺水的时候，上海的战略权重往往不突出。外部环境跌宕起伏，国内吹响再改革新开放号角之际，上海的排头兵先行者角色才真正突显出来。

上海，无疑是独一无二的。我们永远找不到单一目标，可供上海严丝合缝地、全面系统地学习和借鉴。分解对标，可能是现实方案：精细化管理——东京；自由贸易——中国香港；综合营运——新加坡；“创新沙箱”——迪拜；文化和商业交相辉映——伦敦；全球控制——纽约；科技创新——硅谷、纽约、波士顿、奥斯汀、波兹曼、特拉维夫等。

上海，可能处于某种意义上“增长的极限”。如何破之？一是像重视现代服务业一样重视先进制造业。必须解决当下的问题：转化弱，转型慢，转移迟，政策空转，空间联动差，企业生态不合理。尤其要前瞻布局尖端产业。二是像29年前开发开放浦东新区一样开发开放临港新片区。新片区是特殊经济功能区，是全球风尚自由城。在我们理想主义的分析框架中，新片区就是面向未来、面向全球，就是自由经济、自在生活。

建议响亮地喊出“自由临港”的定位！

说“上海的传统支柱产业已经触达增长的天花板”，我是完全不同意的。工业发展阶段性放缓，背后的原因是复杂的：外部环境的变化、生产力布局的调整、生产方式的变革、土地供应等政策供给的影响，叠加在一起。千万不能得出这么一个错误的结论：上海工业发展的未来空间有限，GDP 占比将一降再降。

生物医药，是典型的传统产业，也是战略性新兴产业。它传统，是已经存在了上百年；它新兴，是始终处于技术迭代的前沿。

呼唤新动能，珍惜旧动能。这都是市场内生的力量。不能割断历史，不能抽掉前提。

我们对新加坡产业发展道路的总结，有两句话：快进缓退（新动能快进，旧动能缓退）；保持永远的新经济。怎么做到的？首先，定位于充满活力、浓缩亚洲精华的动感之都；其次，制定了 GTP（全球贸易商计划）、RIE（科技创新规划）、CTP（未来城市计划）、“智慧国 2025”、“八个步骤进入新加坡”等一系列行动计划。

上善若水，海纳百川。上海的工业发展，应该尽可能地多点包容性。不要轻易驱赶“低端产业”。相当一部分传统生产，比如分邮包、喷油漆、印名片、做铜牌等，仍是这个城市高质量运行必不可少的环节。我们可以优化选址，在相对外围区域，在下风向，远离取水口，给这些生产环节一个成本可控、风险可控、高效服务的扎堆之处。

经济增长速度收窄，不是上海的新常态。不能让职能部门有“就这样了”的心态。高能级市场要素资源入沪，是挡不住的。我们要想尽一切办法，做好“流一留一转”的文章。DEC 18, 2019

消费社会

消费就像“火车头”，牵引着文化、服务、医疗、教育、居住、办公等，这是一条很长的链条，一个很复杂的系统。它还是一个“入口级”平台，导入高净值人士、高成长人士、高增值环节和高竞争力企业。

夜经济的 N 个畅想

24

夜经济是“果”，不是“因”；

夜经济需要现象级事件的驱动；

夜经济背后是创意阶层活跃度；

夜经济不是商务部门一家的工作；

夜经济呼唤包容审慎监管；

上海有条件成为夜经济友好型城市。JUN 18, 2019

“城”之初心，在于“市”

拥有800年历史的伦敦金融城有句名言：便捷创造价值！如何永葆竞争力？金融城管理者认为，有人闲聊的地方，就是产生生意的地方，要大量建设酒吧。现在，他们认为，要让购物把富有的人、有支付能力的人吸引过来，集聚在一起，享受狭窄的街道和密集的消费场所。

购物，就像火车头，牵引着文化、服务、医疗、教育等，是一套很复杂的系统。

购物，是一个“入口级”的平台，通过它导入高净值人士、高成长人士、高增值环节和高竞争力总部型企业。它的功效，表层是自然人的“买买买”，后面却隐含了大量的对法人进行赋能、授权的活动。

购物，更准确地表述，是消费促进和贸易服务。所谓“城市”，“城”的初心和使命在于“市”，即市场、交易或贸易。贸易形态，一直在升级。

在纽约、伦敦、巴黎、东京这些都市的核心地区，“业态”都呈金字塔状，塔基是商业，即购物；中间是“商务+文创+休旅”；塔尖是金融服务。最后，实现“商商旅文（商业—商务—旅游—文化）一体化”，创新贯穿其中，无处不在。

上海城市功能的逻辑架构必须这样梳理：在全球科创中心驱动下，在国际金融中心和国际航运中心的支撑下，国际贸易中心“日长夜大”，持续迭代。国际贸易中心到位之日，就是国际经济中心建成之时。JUL 31, 2019

如何让人们更加高兴

我总在想，赶上了高质量发展的好时代新常态，为什么还有那么多人看上去不够高兴，甚至根本不高兴，心里有一种说不明道不清的莫名之火？这个状况，老百姓那里有，“店小二”那里也有。难道美国著名经济学家提勃尔·西托夫斯基在其代表作《无快乐的经济》中描述的“持续、高度的物质舒适水平倾向于瓦解传统的快乐之源”的情景，也出现在当下的中国？面向“十四五”规划乃至更长远的战略规划，必须正视这个问题：国民感受。

朋友回忆他的第一堂经济学课，导师阐述了什么是经济学——管理人欲望的学问。那么，到底是人的欲望出了问题，还是管理出了问题？抑或，研究“高兴”，到底应该用经济学还是用其他学问？

是不充分(自己的“小确幸/获得感”成长得太慢)，不平衡（比不上别人的），还是不确定（自己的“小确幸”仍有变数）？是别人的“小确幸”妨碍了自己，还是大家的“小确幸”拼合不到一起（“帕累托最优”被打破）？公平与效率兼顾的时间窗口被终结，还是顶层的叙事过于宏大，自己的“小确幸”咬合不上去？

“美国梦”是“大房子 + 大车子”，“日本梦”是有钱有闲到黄金海岸晒太阳……我们既有抽象的“伟大复兴”，又有具象的“对美好生活的向往”，大家究竟为啥不够高兴？

原因可能是：“欲望”的定义，已发生改变；未来预期，需要更多的确定性；层级传导，出现了递减甚至变异；传播模式，要有革命性变革；管理人的欲望的学问，有待中国化重构。OCT 9, 2019

同向同行，同守初心

27

压力高企，“熬”字当头，似乎是各界共识。

小部分企业感觉迷茫，主动进入冬眠状态。更多的企业选择“冬泳”（修炼内功，利用间歇期提升管理水平）、“冬播”（谋篇布局，因为这个时点各项成本皆处于低位）。

职能部门一如既往地忙，甚至更忙，一如既往地相对低效率（相对于市场主体和社会主体的诉求，此乃世界通病）。

专家们突然大有用武之地。专家不够用，到处赶场子。不少专家单向输出，说完就走。会上言之凿凿，应景因需，全是Yes；会后嘀嘀咕咕，质疑批评不看好。

在大量的调研中，听到企业家的口头禅：“办法总比困难多”“怕什么了”“大不了回到N年前”。职能部门的口头禅：“你们等一等”“我们理一理”“向上磨一磨”。专家们的口头禅：“这种事情嘛，难，很难，非常难”。

大家都得回归初心。企业家的初心，再简单不过，就是存活、赚钱、回报社会。职能部门的初心，抽象而言，是创新行政方式，提高治理效能；具象而言，就是办事，办成事，让群众愉快高效地办成事。用党的十九届四中全会审议通过的《中共中央关于坚持和完善中国特色社会主义制度、推进国家治理体系和治理能力现代化若干重大问题的决定》里的表述，就是为人民服务、对人民负责、受人民监督。专家的初心，就是以相对超脱的立场，提供客观、冷静、中性、实证的决策咨询意见。很多时候，就是要当面、当场、当机立断地说“不”！

回归初心，还得找回敬畏心：企业敬畏市场，职能部门敬畏人民，专家敬畏市场创新、服务人民。DEC 9, 2019

忽视小企业，这才是最大的问题

某地公布 100 强企业。2018 年，它们的利润总额超 3423.86 亿元，比上年增长 40.65%。净利润 100 亿元以上的企业 4 家，80 亿～100 亿元的 2 家，20 亿～80 亿元的 40 家，10 亿～20 亿元的 19 家，低于 10 亿元的 35 家，没有出现亏损企业。

前 10 家企业的营业收入、资产总额、利润总额、纳税总额、研发费用，分别占 100 强总数的 34.73%，45.27%，25.27%，29.26%，58.17%，比重均高于上年。资产总额、利润总额、研发费用的占比，都创下新纪录。

有人洞见：市场进一步向“头部”企业靠拢，两极分化现象日趋严重。小企业的日子，没有最难，只有更难，因为，每一次收紧、每一次波动、每一次调整，首当其冲的是它们。大企业都是座上宾，都有金钟罩，都有强势的谈判能力。对小企业，政策往往是“一刀切”。对大企业，最多是“切一刀”，或者根本就是“切不着”。小企业不接新订单，是“等死”；接新订单，是“找死”。

有人会问，针对小企业，不是搞了 N 多的减税降费吗？不是有很多扶持吗？比如“科技创新券”“研发费用加计扣除”等，还有各种开业和创业扶持、补贴、奖励等。请注意，小企业除了用人成本、用地成本、用能成本、用钱（贷款）成本高企之外，还有个用政策的成本。政策用不上、用不起。政策呼啸而来，纷纷掉落在“最后一公里”开外。更糟糕的是管制措施的“翻烧饼”，太多的“Z-turn”（折腾），比如养猪、环保。

经济生态需要量大面广的小企业。没有小企业的铺天盖地，哪有大企业的顶天立地？面向小企业的政策，不能自上而下的赐予，而应该让它们由内而外地提出，需要更多倾听，需要“减”和“简”。DEC 11, 2019

新动能在集结，请把水龙头拧大一些

我们的“客户”结构，可能是分析经济形势的一个有趣的指标。来自企业的委托量快速增长，来自政府的委托量平稳横盘。

企业“客户”的特点也有趣，有些基建类中央企业大踏步向虚，搬钱、砸钱，即便是市场化业务部分，其经营模式也缺乏商业逻辑。对它们，应该及时打板子，纠错。地方国企，总体上越来越实，但是还没有开足马力，约束条件太多。对它们，应该及时松绑减压。中小企业，从来就没有懈怠过，当然也没有资格懈怠，“主动+被动”像魔方一样，在变形，在创新。对它们，应该多些耐心，多些呵护。

新动能来自市场侧，重新集结。最近我们研究一家“大国重器”中央企业的空间调整，该企业提出通过老厂房、老物业的更新，驱动产业创新，不赚快钱，细水长流。我们最近调研若干地方国企，它们都在精准地寻找标杆，不当“路灯下的醉汉”，大胆求新求变。我们最近还参加中小企业主的不少活动，它们以各种方式抵御外部的不确定性：或“冬泳”，或“冬播”，没有人选择“冬眠”。

释放新动能的金色水龙头，装在政府侧。但是，“要的不给，不要的狂给”“部门来不及写，企业来不及看”“政策呼啸而来、纷纷脱靶”等状况，一天都不能再继续下去了。我们的总顾问有个理念：政策越少的地方，营商环境越好。建议发起“政策简化和优化”活动，让“纾困”行动来得更直接些，更“便宜”些吧！

周末参加企业家聚会时，有位老总跟我说，在国内做实业，回报率摇摇晃晃，能有 8% 就相当不错。拿这个钱，到美国做投资，回报率可能有 12%，但他还是坚定地继续把国内实业做下去。他说：“这是根，这是本。”真心让人感动。

强根固本，当务之急啊！DEC 16, 2019

不重视商业，苦头在后头

我们经常讲，“商商旅文一体化”。这几乎是中心城区的“业态标配”。万变不离其宗，不管怎么迭代变革，中心城区的繁荣繁华，一定系于商业。

因为，城市的要义是“市”，是市场、交易、贸易。“城”是容器，“市”是内容。不管交易标的如何升级，交易、交换、交流的功能不会灭失。更因为，我们搞的是市场经济。市场经济的要务，或者说初心，就是消费促进和贸易服务。在此基础上，延伸、衍生、接续出琳琅满目的新技术、新产品、新模式。

据我们观察，上海各中心城区综合竞争力和商业景气度正向强关联。商业景气度高的城区，对消费人口、旅游人口、工作人口有着强大而持续的吸引力，综合经济一般差不了。有些城区，职能部门死板冷峻，没情调、不热闹，把人气地标硬生生给搞砸了。

商业，是地区经济的活化剂，是最能凝神聚气的调节者。DEC 19, 2019

如何读懂电子竞技圈密语

21

早在 2003 年，电子竞技就被列为正式体育竞赛项目，但在相当长时间里还是不被看好，被贴上“一将功成万骨枯”“玩物丧志”的标签。

但是年轻人趋之若鹜的新事物，不以成年人又爱又恨的纠结为转移，就这么浩浩荡荡地发展起来了。甚至大有成为新经济支柱之苗头。国内各地你追我赶，竞相出台扶持政策。有的希望带动“电子”类产业，有的希望带动“竞技”类产业，有的希望带动场馆类生意，有的希望以此作为吸引新新人类的“入口级”时尚平台。为此，有必要廓清若干问题。

第一，先抑后扬的产业政策，到底有无必要？有形之手要发力，到底应该在游戏开发和发行环节（基本占产值的 90%），还是在赛事组织和场馆运营环节（占产值不足 10%）？对这个市场原生、快速迭代的产业，真需要有自上而下的顶层设计吗？会不会好心办坏事？

第二，“阳光下都有阴影”，我们要如何克服电子竞技运动的负效应（电子竞技赌博，青少年沉迷上瘾等）？行业自律、市场治理如何跟进？各种舆论，如“打得好，就是电竞选手，打得不好，就是网瘾少年”“今年拿不到冠军，就是中年危机，后年拿不到冠军，晚景凄凉”“小玩怡情，大玩可能毁掉一生”“可以保持热爱，但不能忘记生活”“这其实也是一个典型的吃青春饭的行当”等层出不穷，如何引导？

第三，如何规避其中的不良商业模式？源于电子竞技，涉及网络直播等，新事物夹杂了不少不健康的业态。如何滤掉脏水，保护孩子？如何在为行业正名的同时，正本清源？

第四，应该由文化部门、经信部门还是宣传部门管理？如何评估电子竞技行业的成长性和饱和度，以及其与宏观经济周期的关联、与其他产业的协同？

电竞、网红、短视频都是年轻人喜爱的，是潮流、是亚文化，若是年轻人不再愿意从事实体经济，那只能说明是我们的政策失灵了，没有给予工匠们、创客们足够的尊重（含物质奖励）。对于这样一个充满密语的新领域，不必着急制订产业规划或扶持政策，而是应该尽早明确负面清单。讲清楚不能做什么，可能比讲清楚怎么做，更加重要。DEC 31, 2019

从“容器时代”进入“内容时代”

周末闭关，大隐隐于市，躲在市中心的一处大型综合体。吃喝玩乐，一站式完成，倍觉“幸福”。突然意识到，我国人均GDP已超过1万美元，曾经的“基建王国”正水到渠成地从“建设容器”的时代，迈向“丰富内容”的时代。

2016年夏季达沃斯论坛上，“五大幸福产业”（旅游、文化、体育、健康、养老）首次被提出。同年11月，国务院办公厅发文，提出“着力推进幸福产业服务消费提质扩容”。不去纠结“幸福产业”的内涵外延，不去计较它在学理上的科学性。我们先来看看国民消费升级的路径：由生存型向享受型，由物质型向精神体验型，由基本型向复合型，由室内型向户外型……持续递进。完全符合美国个人消费结构的发展路径（非耐用品—耐用品—服务），也吻合马斯洛的需求层次理论。2018年9月中共中央、国务院发布的《关于完善促进消费体制机制进一步激发居民消费潜力的若干意见》，被视为消费促进和贸易服务领域的第一张“蓝图”。2018年11月首届中国国际进口博览会，更是明确提出加快电信、教育、医疗、文化等领域开放进程，特别是将放宽外国投资者关注且国内市场缺口较大的教育、医疗等领域的外资股比限制。

2019 上半年，中国赶超美国，成为最大的消费市场。“稳定动力源”和“活力大市场”已然成型，将历史性地重构全球生产力布局。一切发展，源于不均衡；一切增长，源于消费；一切创新，源于以人为本。填补中国国民的消费缺口，以中国国民为本，对接中国消费驱动的增长空间，将成为绕不过的国际商业新逻辑。

想起厉以宁老先生的话：“消费是最终需求，投资需求是中间需求，只有最终需求旺了，经济才能真正启动起来。”翻译成大白话，就是消费促生产。过去 40 年，我们习惯抓投资，现在要促消费，促进消费的高级化，这可是个新命题。“内容”为王，消费为王。JAN 9, 2020

谁不说咱民企是自家人

都说“难”，可谁都未曾预料2020年的“紧日子”以一场始料未及的疫情打开。

临近假期，医疗物资面临短缺，多家民企主动请缨复工、不加价，确保物资供应，承担着包括节假日人员成倍工资等生产成本，未有懈怠；诸多民营开发主体和运营机构，主动提出减免租金扶持商户，同舟共济。同时，第一家提出捐款的市场主体依然是民企，捐助资金高达1亿元。截至2020年1月28日晚8点，根据捐赠企业名单显示，民企数量占据半壁江山。谁说“为富不仁”？分明看到了自家人的脊梁。

在中国走向全球舞台的过程中，民企身影不断：2018年，中国民企500强企业中有179家参与“一带一路”建设；海外投资企业数量达241家，同比增长4.33%，海外雇员达63.97万人，实现海外收入8151.59亿美元。2019年，民企首次超过外企，成为国内第一大外贸主体，出口占比超过50%。有进出口实绩的民营企业达到40.6万家，同比增长8.7%，拉动外贸增长4.5个百分点。

我国大部分民企仍以中小微企业为主，其抗风险、融资能力较为脆弱。就供应链角度而言，没有中小企业的坚韧支持，头部企业也将失去全球竞争的基础。

为此，各地陆续出台新政：加大金融支持、发挥政策性银行的支撑作用，确保小微企业融资成本可控；缓缴社保，确保就业稳健；减免税费和房租、延期缴纳税款等，减轻企业经营负担……大系统的有效运转来自各小齿轮的紧密配合，此时要充分发挥国资国企的引领功能，“国引民进”，助力民企安然度过“寒冬”，因为中小企业是中国经济的本钱，更是中国经济的明天。FEB 6, 2020

消费是服务业之母

24

随着中国疫情受控和海外疫情蔓延，全球供应链将倚重中国，全国价值链将倚重上海。这就是中国的自信、上海的机会，源于市场和消费的自信、机会。

早在 1931 年，凯恩斯先生就给上街购物的家庭主妇一个空前的定义——“爱国者”。他说，现在我们所需要的，不是勒紧裤带过日子，而是一种发展扩张、积极活跃的精神状态，要多干一些实事，多买一些东西，多造一些商品。这就是凯恩斯乘数效应的内容。

2015 年，普林斯顿大学的迪顿教授，因其对消费、贫困和福利的研究成果而获得诺贝尔经济学奖。他的大部分经济理论，集中在消费方面，就是研究人们怎么“买买买”。他认为政府与积极活跃的公民有效互动，是至关重要的。我揣摩他的思想，关键是“民”（本地居民、外来“游”民、企业公民）要活跃起来，政府要创造条件，给“民”松绑，这远比补贴抵扣更重要。

疫情过后，应该有一个报复性消费阶段。具体到上海，具体到未来 1～2 个月的窗口期，建议抢时间、抓力度、强保障、扩税基、育税源、促持续、谋长远。

以上都是抽象概念。从实务层面，可以做好以下工作：

——服务全国 + 全球运营。

——激活“现场消费” + 推广“本土产品”。

——区域性分级防控。比如，口岸地区维持一级响应，其他地区视疫情防控效果逐渐降级。区别对待，分类指导，杜绝全市一刀切。

——做好“上海购物”的高能级国内外公共传播。让它成为长三角、全国乃至东北亚的共识。

——实实在在解决压抑消费的核心痛点。一是停车问题，非交通高峰时期，可大量增加地面停车位；二是讨价还价问题，上海主流的购物场所，应谢绝讨价还价，推行此国际惯例。

——进口博览会，全城全年化，打造成继奥运会、世博会、世界杯之后的人类第四盛事。MAR 12, 2020

科技创新

科技创新，可以拆解开来理解。科（科学），技（技术），创（项目创意），新（产业化新应用），这是一个能力“降维”落地的过程，商业“升维”落地的过程。什么叫落地？就是识别并抓住市场应用场景。

隐形冠军的“固执”与“偏执”

25

隐形冠军的定义源于1986年德国管理学大师赫尔曼·西蒙，其具备三大特点：一是产品份额在国际市场排名前三；二是年营业收入不高于50亿美元的中小型公司；三是社会知名度低。

在德国，每个隐形冠军的单位员工产出率比一般公司多出5倍，专利成本则只有一般企业的1/5。而这一切都来自看似“固执”近乎于“偏执”的理念：

——做强而不是做大；

——追求全球化而不是多元化；

——价值导向而不是价格导向；

——二元结构：强有力可控的领导，以及能发挥创造力、影响力、有存在感的员工队伍；

——稳健地增长且足够安全的融资；

——政府无形之手：没有针对任何产业的规划，全面推进国民待遇，着力提升区域吸引力。JUN 12, 2019

新经济之“新”

新经济，“新”在开放松绑，“新”在创想巧思，“新”在积极偷懒，是把人从传统劳动中解脱出来的经济，是让人心甘情愿主动套上精神体验无形“枷锁”的经济。

发展新经济，有“迹”可察，但尚无规律和规范可循。如何对待新经济？当学迪拜的“创新沙箱”！在特定领域、特定地域、特定时间，给出特殊政策、特别机制，给市场主体“临时的灵活性”，积极试错、容错。JUN 21, 2019

质量是利益驱动的行为

27

在大量现场观察和实证研究中，前滩综研发现，中国民营企业正在努力和“将‘中国制造’等同‘假冒伪劣’”的偏见作斗争。

受访的很多企业家，草根制造出身，过去也曾困顿于同质化竞争导致的价格大战，他们深一脚浅一脚，顽强地走出“低端锁定”的泥泞沼泽，找准了“品质革命”的血路，有点意外却又合乎情理地渐渐成为各自行业的“头部成员”。他们坚信，愿意为高品质买单的中国消费者群体，将是一个超快成长、超大规模的可持续市场。

质量管理是因人而事的经济活动，是毋庸置疑的逐利行为。高质量地生产制造，生产制造高质量产品，降低废品率和各种消耗，提升良品率和效率，这就是实现经济效益的根本路径。量大面广的中国民营企业，越来越有这样由内而外的体察和认知：包括但不限于全面质量管理（Total Quality Management，TQM）的理论、理念，内化于心，给企业赋能，让企业获益。

AUG 5, 2019

制造业关联度模型

先进制造业是立国之本与强国基石（越是“先进”的，就越是基础的、基本的）。国家崛起无不从制造业崛起开始，国家衰退无不从制造业式微开始。

中国拥有39个工业大类，191个中类，525个小类，成为全世界唯一拥有联合国产业分类中全部工业门类的国家。美国的完整度是中国的94%，日本不足中国的90%。中国工业门类最完整的城市是上海，上海最完整的地区是浦东。

制造业在经济体发展大局全局中的特殊位置和特殊使命，是由其强大的产业链带动作用决定的。我们曾经根据工业化产品的零部件数量级，总结出一个“制造业关联度模型”。该模型并不是非常严谨，但大致可看出升级换代之趋势，简而言之如下：

——缝纫机和拖拉机，零部件数量级是10的2次方；

——家电，零部件数量级是10的3次方；

——汽车，零部件数量级是10的4次方；

——地铁，零部件数量级是10的5次方；

——轮船和高铁，零部件数量级是 10 的 6 次方；

——飞机和航天飞船，零部件数量级是 10 的 7 次方。**AUG 6, 2019**

全面质量管理的真谛是全员进步

产品质量的两大类现场影响因素，一是技术（机器、材料和工艺）；二是人（操作者、班组长）。而“人”比“技术”重要得多。

产品质量靠工作质量来保证，而工作质量的好坏主要是人的问题。挖掘人的积极因素，健全质量管理和约束机制，是质量工作的重要环节。

规范人的行为、规范人与人的关系、规范人与物的关系，使质量管理不再是技术、检验等少数人的管理，而是形成一种企业文化，成为多数人共同参与的管理活动。

企业发展要谨防战略与执行脱节——决策者战略欲望高到无人能有效扼制，而执行层员工素质低、跟不上节奏。

企业文化不能照搬照抄、不能纸上谈兵，广大基层员工不会认同虚伪的企业文化培训。真正的企业文化是在企业家长期调教下的团体意识、集体行为。全面质量管理的真谛是提高企业整体素质，是全员进步。AUG 9, 2019

让上海成为超级“创新沙箱”

2015年，英国金融行为监管局（Financial Conduct Authority，FCA）首创“监管沙箱”，并于次年5月敞开第一个“监管沙箱”，旨在提供“缩小版”的真实市场和“宽松版”的监管环境，在保障消费者权益的前提下，鼓励金融科技（Fintech）等各类科技型初创企业，对新产品、新服务、新模式和新的交付机制，进行创新性甚至颠覆性的实操探索。

2016年，新加坡也开始“监管沙箱”测试，不过仅适用于金融科技企业。同年，澳大利亚证券和投资委员会（Australian Securities and Investments Commission，ASIC）提出关于“监管沙箱”的建议，但仅限于“智能投顾”等居间类型的业务。全球诸多国家和地区紧随其后，尤其是中东的迪拜等地，依托点状的楼宇式自由港，业已成为最大胆的“沙箱”集群。

“在极小范围，给极大自由”“高赋能、宽应用”“监管沙箱/创新沙箱”，已成为全球金融科技监管的主要模式。其本质是给创新者提供临时的灵活性，其逻辑是：模拟场景—压力测试—评估风险—制度供给—

抢占市场。

中国语境下，“创新沙箱”其实就是封闭测试，在特定地域和特定领域，实行特殊政策和特别机制，面向未来，保有足够的开放性和弹性，对新生事物开展包容审慎创新的监管，解决“一放就乱，一收就死”（比如 P2P）的问题。

最大的风险，是因为恐惧风险而不敢探险。

AUG 23, 2019

“皮实”的决策支持系统

最近我们在测试自主研发的“前研区域洞察系统”，其中有个模块是“循证决策”。我们将开发指针定义为“鲁棒”（Robust）这个词。

“鲁棒”的原意，是强壮、坚韧、可靠、稳定。它是一个复杂系统在异常和危险情况下继续生存的关键，抗打击，不容易崩溃。说人话，就是“皮实”。它有两个“尽可能”的特点：在尽可能大的“想定空间”内去执行，并保证结果满意（大于某阈值）；尽可能地在已有资源的基础上，消除不确定性因素，最终选择对剩余不确定性不敏感的满意方案。

鲁棒决策，一定意义上，建立在“人性恶”“问题充盈”“矛盾多发”等假设基础上。其策略集的定义域是宽广的，充分考虑了各种策略的弱点和适用性。因为过多地强调了最差情况，它拿出来的，多半不是最高效方案。

正因为宽参数，鲁棒决策的策略具有强大的自适应性和精准性。这是鲁棒性（Robustness）“皮实”的优点之源。请注意，适应性不是通用性。越通用，越难适用。

也正因为宽参数，要模拟更多的场景。鲁棒决策需要人机结合、反复交互。针对未建模的动态，需要过程模型，更需要离线辨识。AUG 28, 2019

中国隐形冠军：因慢而快，因坚守而弥新

最近开展“隐形冠军”调研，有幸近距离接触这样一群默默努力的人，他们正努力地抹去将“中国制造”等同于低劣的普遍偏见。他们草根出身，曾困于产品同质化，深陷市场红海，但是没有随波逐流，而是经由“品质革命”，顽强逆袭，挺进到行业头部区域。

我们从中国产品的质量问题和产品质量的中国问题两个角度切入，遍访企业，提取共性。质量，已经成为这些“隐形冠军”的自觉追求、文化基因和内在动力。

这些“隐形”冠军具有如下特点：① 耐力持久：平均存续时间超过 30 年；② 专注偏执：专注于主业，偏执于创新，高价值、差异化、技术控；③ 过程累进：不贪“颠覆性”创新，不求“戏剧性”改革，耐得住渐变式细节性累进的寂寞，强调全员全程，实现常态化改进；④ 包容成长：企业家珍视员工为“子弟兵”，员工认同老板为“精神领袖”，内部提拔多于外部空降，本乡本土本行本业，共建共管共荣共享；⑤ 旁通升维：“产品 + 服务”，制造业服务化逐渐生动具象起来，

具备了扎实的商业模式；⑥ 有所不为：基本不做房地产，不参与“民间联保”。

中国隐形冠军，因慢，而快！因坚守，而弥新！因隐形，而挂冠！因中国，而世界！AUG 30, 2019

解决内外问题，需要实打实创新创造

43

对内，迫切需要系统性地、全面性地放松。大领导要带头，享受美好生活（不会生活的领导，一定不是好领导，不宜再提倡“白加黑”“5+2”式的加班文化）；中间层要创新性传导，不能鹦鹉学舌，满足于当机械的“二传手”；老百姓要潇洒起来，舒适度日，要推翻“三座大山”（买房、入学、看病，需要新的制度供给）。现在上上下下都“绷”着弦，紧张纠结焦虑。市场不够自由，社会不够宽松，创新就只能是投机的。对内放松，应该成为应对外部贸易战的终极性战略。

对外，要明了美国究竟怕什么？绝不是因为中国和他不一样！恰恰相反，他怕中国越来越像他。如果中国成为另一个美国，“一个地球的资源远远不够用了，需要4个地球”（奥巴马原话）。价值观、政治制度、发展套路统统不是问题。唯一的问题是，在一个地球的约束条件下，中国的崛起已经并将继续深刻影响美国人的话语权和福祉。这是本质。中国要学习北欧，一是有节制地消费，二是基于均衡的一体化，三是与大自然和谐相处，四是超越功利地创新。

对内、对外，都需要中国超越投机、超越功利，实打实地进行创新创造。**SEP 4, 2019**

呼吁更多市场化应用场景

第三届“世界人工智能大会”的最大亮点，是基础研究尤其是算法研究受追捧。国际前沿算法峰会，现场人气爆棚。Tom Mitchell 等人工智能领域的顶尖学者，给大家带来“烧脑”的技术派盛会。

应用方向进一步延展，包括智慧政务、智慧医疗、智慧零售、智慧物业、智慧环保、公共安全、无人驾驶等。与5G技术的结合应用，有新突破。但总体感觉，“一多一热”：政府财政买单的应用场景多，精准营销领域的应用场景热。供需两侧，都还在观望。颠覆性、震撼性、充满想象的应用场景，不如预期。真正的“亮瞎眼”的产品，还在各厂商的“武器库”里，不到关键时刻不拿出来，估计都在等待市场情绪的某个时间窗口。这个市场情绪，需要由技术、价格、规则、交付方式，甚至大事件来点燃。

我们有点小担心：人工智能，会不会被“窄化”“固化”为“老四篇”（人脸识别、语音识别、无人驾驶和电子支付）？智能化，会不会被当成一个大箩筐，信息化、可视化、移动化和工业自动化等，都往里边装？现场的有些呈现和展示手段，远不够“智能”，充其量是静态的、蒙蔽外行的“高级黑板报”。还有一些，一看就知道是“人工智能人工做”。

有人提出，技术之间融合，软硬件之间融合，与经济社会需求融合，提高效率、效能、效益，多用于工业、少用于商业（纯商业模式创新），才是王道。有人说，厂商压力越来越大，因为领导们和消费者长进得太快，不像以前那样容易被忽悠了。有人问，“世界人工智能大会”和“工业博览会”，有什么区别？有厂商吐槽，类似盛会越来越多，都是“世界”“全球”“国际”的，不知道该参加哪个。**SEP 9, 2019**

数字经济牵引“星云型”新业态

发展数字经济是国家战略，而且已成为很多地方的“一号工程”。智慧城、智能经济、数字经济、数据经济、数智经济……概念多，定义乱，规则缺，标准无，共识少。

数字经济至少有4个层面：第一，作为基础设施而存在；第二，为传统经济业态赋能；第三，丰富监管工具箱；第四，数据成为交易标的物，并衍生出一系列商品和服务。

这是新生事物的特点，也是入口级、功能性、平台型、枢纽化广域行业的特点。比如旅游业，国民经济行业分类中没有它，但是它涉及至少57个中类。数字经济的数据统计监测，将是个说不清、理还乱的“无头官司”。

在数字经济的牵引下，未来经济形态有点像“星云”：数字内核是清晰而聚焦的，场景外延是模糊而延展的；5G压缩了时间，AI压缩了空间；催生了新生产、新交易、新生活、新治理；孕育出新技术高度渗透的消费促进、贸易服务、授权赋能（研发服务业）、综合营运、先进制造、公共活动等。在此基本逻辑路径上，各地可能有侧重、有组合、有优化、有强化。SEP 10, 2019

把信送给加西亚

《把信送给加西亚》是美国作家阿尔伯特·哈伯德的一部作品的名字。

作品讲述了19世纪美西战争中的一个故事。美国总统麦金莱有一封具有战略意义的书信，急需送到古巴盟军将领加西亚的手中。可是加西亚正在丛林作战，没人知道他在什么地方。挺身而出的一名年轻中尉——安德鲁·罗文，没有任何推诿，不讲任何条件，历尽艰险，徒步三周后，以其绝对的忠诚、责任感和创造奇迹的主动性，完成了这件“不可能的任务”——把信交给了加西亚。

此书是有史以来最畅销的书籍之一（2000年被美国《哈奇森年鉴》和《出版商周刊》评选为世界最畅销图书第6名），被公司老板发给员工当敬业守则，被美军当训练指南，被编入高中必读书目……以至于成为美国梦的文化符号。据说，全球有8亿人读过此书。

人们欣赏此书所传达的忠诚和担当这两项美德，称赞送信过程当中体现出来的韧劲；人们更褒扬面对未知时空时的健康心智模式（自我约束，自我激励，自我驱动）和创造性反应，能在“必然失败”当中硬生生开辟出“偶然成功”的道路。

创业就是如此，就是“把信送给加西亚”的过程。虽然非常不搭，但我就是很奇怪地想到了胡适笔下的“徽骆驼”和关汉卿笔下的“铜豌豆”。没有如果，只有结果。不许退步，只能进步。不要怕“死”，怕“死”的一定“死”得更快。当下急功近利、投机取巧、“旱涝保收”的创新创业梦，可以休矣。OCT 17, 2019

纵论先进制造业（上）

17

——先进制造业的“先进”，不是由领导说了算，而要由唯一性、不可替代性来定义。

——能在当下上海存活并发展的，基本都是先进制造业。

——先进制造业的本质，就是有竞争力的实体经济。

——有些领导对制造业，因为没感觉所以没感情，因为没感情所以更加没感觉。

——有些领导对实体经济看不懂、瞧不起，背后是不学习、不关心、不了解。

——“土地给不了，物业只能租”的做法，已经不大适合先进制造业的发展需要。

——我们的制造业主干门类，都面临被技术颠覆的极大危险。

——为什么本地原生企业的规模，不要说千亿元，连百亿元的都不多？为什么普遍缺乏猛虎下山之势？

——引进特斯拉，是个妙招，更重要的是如何发挥它的引领作用和鲶鱼效应。

——生活好了，往往会忘记过去。上海制造业的地位退了、比重退了、能级退了，要遏制这个态势。

——上海的制造业要“龙抬头”，制造业领域要“民进国退”。规模性制造业尚可依靠国企，精密化制造不可能产生于国企。

——政策资源要从服务业转向制造业。制造业的产业基础再造，迫在眉睫。

——领导不能只重视优化数字，应更加重视优化结构。

——呼唤产业金融 / 产业银行（比如国家开发银行深圳分行，产业贷款占 90%）。

——我们的制造业发展政策，要增强针对性、竞争性、前瞻性、源头性。

——目前这个阶段，发展先进制造业，还得园区化，相对集中。学习法国的“竞争力极点”计划（2019 升级为“工业版图”计划），集中治理、集中供能，提高密度、提高能级。OCT 30, 2019

纵论先进制造业（下）

13

——国家的好牌多在上海，上海的好牌多在浦东。浦东，可能是国内先进制造业可“体系化”的唯一地区。浦东发展先进制造业，应该与“减量”脱钩。

——上海的创新集群内部关联度不强的现状要改变。

——制造业流失后，研发也会跟着流失。为什么上海高校成果的本地转化率一直不够理想？科研对产业支撑不足，产业对科研需求不旺。

——对制造业领域的创新，要提高“容忍度”。

——当然，上海制造业要摆脱两个依赖：依赖汽车行业，依赖 IT 代工。

——要跟激情澎湃地抓金融和贸易一样，抓先进制造业。

——上海之前的“四个中心”，自始至终穿插着全球科技创新中心与基于全球科技创新的先进制造。上海的影响力，更多来自这两项。

——在商业楼宇过剩、工业楼宇与仓储空间短缺、国际资本流动不利的新情况下，上海需要反思原来的产业发展方针。

——互联网时代，制造业企业的竞争力越发需要从研发、设计和精细化生产制造的整体来考虑。

——中美贸易摩擦，已经让许多中小制造业企业明白，只有在细分领域做专、做精，才能在全国乃至全球值链中有立足之地。

——先进制造业的自主创新需要时间积淀和财力等支持。这些创新更多的是自主摸索。而政府扶持的技术服务中心应认真思考如何起到对接、合作、扶持的作用。NOV 1, 2019

千万不要忘了中小企业

19

最近，我在思考先进制造业的新模式时，总有不少困惑——为什么世界最先进的制造业强国 / 地区，其中小企业的比重如此之高但竞争力却不弱；而中国绝大部分地区仍以大企业、大项目驱动，却缺乏核心竞争力?

比如德国模式，据统计，德国中小企业数量约占德国所有企业的 96.6%，雇佣了近 60% 的工人，增加值占 56.5%；员工人数少于 250 人的企业研发投入是超过 250 人企业的 2 倍多，员工少于 20 人的企业中超过 70% 与合作伙伴共同搞研究。

再比如，日本被誉为“产业公地”的东京大田区，其 3 人以下企业占所有企业的 50%，20 人以下企业占所有企业的 90%；大田区几乎各项工业相关指标（制造业企业数、从业人数、出货额等）在东京 23 个区中均位列第一。

我想，其中很重要的有两个因素：一是“工匠精神”；二是“劳动教育模式”。日本企业家可能一生只干一件事、企业只生产一种零件，不断精益求精，提高效率和产品附加值，这是“工匠精神”。德国企业家注重员工教育，花大钱投资于培训，以达到留住员工、提升企业创新力和竞争力的目的。方法不同，但殊途同归，值得深思。

大企业是中国走上制造强国之路、参与全球竞争的重要依托，但中小企业同样重要，它们是中国制造业发展的基石，是开启制造业高质量发展的中坚力量。

故而，千万别忘了中小企业！NOV 13, 2019

在博采众长中守正创新

经济体，如果是名词，是经济治理的结果；如果是动词，则是经济治理的过程。我越来越认同后者，这也是欧洲工商管理学院（INSEAD）国际政治经济学教授斯多利的观点。相互竞争的经济模式，在经济治理过程中，都要回答 who（角色），why（理念），how（工具）和 what（绩效）。这一过程，根据体制、机制、法制、税制等不同，被分为：

——盎格鲁－美利坚模式：大型公开上市公司；寡头竞争；多样化经营；贸易、外国投资；较大且有限政府、广泛管制……

——德国－日本模式：大型混合联合公司；公司交叉持股；多样化经营；贸易、外国投资；不同的政府结构；普遍的自律……

——布雷顿森林理想模式：小型家庭企业；价格竞争；专业化；国际贸易；最小政府……

——法国国家资本主义：政府配置资本；游说技巧；国有或家庭企业；“凝聚力”政策；无处不在的政府……

这些治理过程，杂糅了自由主义、制度主义、结构主义和文化主义等理念。它们在不断竞争，也在相互包容。最勤奋的后发学习者、集大成者、创新实践者，无疑就是中国经济体。为何看不透、测不准中国经济？因为这个将超快变革和超级稳定对立统一起来的超大经济体，在其治理过程中，既要、又要、还要、更要，博采众长、守正创新。

中国经济体，是非标的，是多层次、多侧面、多维度的。而且，它集合了人类社会文明不同的发展阶段。农耕文明、工业文明、信息文明、生物文明、金融文明等，哪个都没少。

熔合混序，这就是中国经济体的奥妙之处。

NOV 19, 2019

鼓励创业，要适可而止

对轰轰烈烈的创业潮，我持保留意见，尤其是对大学生创业！每领到一本“创业导师”聘书时，我都感到强烈的惶恐不安。

创业是“九死一生”“向死而生”，不是浪漫优雅的圆舞曲，而是跌宕起伏的波折煎熬。太多人向往“富贵险中求”。莘莘学子不甘心做基础性工作，不愿意当幕后英雄，耐不住寂寞，坐不久冷板凳，急功近利，匠心流失。其实，流失的不仅仅是匠心，往深里说，是科研基础，是产业基础，是新动能基础。大学生创业投入的绝大部分，将成为沉没成本。这样的状况如果持续一个时代，后果不堪设想。

需要回归创业的初心——创新，科技创新。极而言之，如果不是基于科技创新，创业之路是走不远、走不好的。为了创业而创业，相当于在原地转圈，转了半天，转出花来，但是没有前进半步，反而可能炮制出大量不健康的商业模式，危害市场秩序和社会稳定。要警惕那些花里胡哨的商业模式（P2P 之类、骗补贴之类）。有些“伪创业”公司，就不应该生下来、活下来。

科技创新是第一生产力，是进步的灵魂、不竭的动力。创新的能量累积到一定程度，只需要找到新的承载或实现方式，创业就水到渠成，这是一个自然涌现的过程。创新驱动创业，并不是倒过来，为了创业而去挖空心思，去“设计”创新，“包装”创新。

创新改变了形态，突破了束缚，延展了“自由”。

NOV 25, 2019

产业公地：日本制造的“幕后英雄”

东京都中面积最大的特别区——大田区，以“高精尖”机械金属工业集群而闻名于世。其产业和城市面貌迭代，是二战后至20世纪90年代日本经济的缩影。大田区的企业，50%是3人以下、90%是20人以下的“小”企业，但在精密零部件市场拥有惊人的占有率。这些“小”企业支撑起机械金属工业，机械金属工业支撑起大制造业，大制造业牵引了科研、服务和生活，在东京湾袋口区域形成强劲而活跃的“产业公地”。经由市场抉择而形成的“产业公地”，正是支撑“日本制造”强势崛起的毛细血管和幕后英雄。

全球生产制造的变迁转移，迫使大田区走上“高精尖”之路。只有拥有持续创新和产品改进能力的企业才能存活。日本各级政府出台了一系列支持政策，包括上位战略和地方细则等，引导大田区企业以“工匠精神”提升竞争力，最终成为引领区域的中坚力量。

最具代表性的，是经济产业省实施的“区域未来牵引企业”相关政策。该政策遴选对区域经济有较大影响力、自身有较高成长性的企业，在用地、设备、研发、人才、专家、知识产权等方面，提供融资便利、税收优惠、财政补贴等精准支持。在入选的2148家日本企业中，大田区有20家，在东京都23区中名列第一。

大田区的产业生生不息，从渔业到小作坊，再到现代化滨水工业。它有海港、空港（羽田机场），有超高级住宅区（比如由日本近代资本主义之父涩泽荣一打造的梦幻街区——田园调布），有东京工业大学等名校，有先进的公共服务场所和设施。这块“公地”，曾经支撑“日本制造”，现正在支撑“日本研发”“日本服务”和“日本生活”。DEC 2, 2019

研发是“喂”出来的吗

参加“创新策源”能力研讨会，产生了如下思考：

——上海的研发投入，基础性部分比不上北京，市场化部分比不上深圳。该怎么看？我觉得上海不要着急，这可能恰恰是上海的优势——既有、又有、还有、更有。上海往往不是单打冠军，却是团体冠军。上海的科技创新、金融创新、文化创新的组合性优势，在国内具有压倒性优势。

——“工研院”模式仍被大家追捧。但是我更欣赏中科院深圳先进技术研究院的“三院联动”模式，学院、书院、研究院联动，前后咬合，相互牵引。学院要仰望星空，研究院要脚踏实地，书院在其中发挥起承转合的作用。

——上海“科技创新券”的力度，不管是金额还是覆盖范围，后来居上，在国内名列前茅。但是对其效用，千万不要高估。申领者中，有真心搞研发的，可能也有动歪脑筋的。最关键的是，实际兑付额和申请总额度不匹配，助推研发的实际效果和职能部门的精力投入不匹配。到底值不值得？会不会是“茶壶里的风暴”？

——建议大领导不要那么焦虑，不要过于关注细枝末节、对大局全局影响不大的事情，要跳脱出来，把更多精力聚焦在整体治理效能和系统性竞争力的激发上。没必要对某个点上的数据、其他城市的某个具体做法，反应太大。

——科技创新，可以拆解开来理解。科（科学），技（技术），创（项目创意），新（产业化新应用），这是一个能力“降维”落地的过程，商业“升维”落地的过程。什么叫落地，就是识别并抓住市场应用场景。

——更深层次的问题来了。研发是“喂”出来的吗？小企业是“喂”大的吗？“喂”肯定是要“喂”的，怎么“喂”？想起美国企业研究所（AEI）的呼吁：政府今天能做得最好的投资之一，就是公共教育，这是我们能够创造的最好的产业政策之一。DEC 20, 2019

稳企业家才是“六稳”之本

朋友圈里尽是各地商会的年会活动，你方唱罢我登场。有赶场子的人说，热闹不过是人看人，热闹过后是挥之不去的英雄沉寂。为了热闹，不少商会露了家底，出了“家愁”。家家都有本难念的经，最难念的，是会费难收，带头大哥难请。大家低调谨慎，敢挺身而出、慷慨解囊的越来越少。

一年收官之际，大家居然不太忙工作，却忙着参会，相关的，不相关的，都去蹭一蹭，好多人成了“会虫”，都想听听别人尤其是大佬对来年的锦囊妙计……现在大佬不叫大佬，叫“老师”。成功了，都是老师。不成功，都老实了。“老师”一言九鼎。其实，细品他们的激情演讲，刨除段子，也没剩下什么。演讲嘉宾分三类：第一类是吓唬人的专家，语不惊人死不休；第二类是安慰人的官员，言不由衷，逻辑牵强；第三类是走夜路吹口哨、自嘲壮胆的企业家。

当然，有一些人就是来刷刷存在感的，我还在，至少还“活着”。也有一些企业家说准备退出商会，因为商会只有收费和开会，其他啥都不会。商会 / 协会的初心，到底是什么？是精神家园、自律平台，是大学堂、消息树，还是资金池、项目库？

当下，企业家精神低迷，“守”字诀大流行，大家对风险和不确定性的排斥，到了罕见程度。什么是企业家精神？“建设性对立（波普尔）+创造性破坏（熊彼特）”。用什么激发企业家精神？“审慎性包容+稳定性预期”。这才是“六稳”之本。

话说回来，当别人恐惧的时候，恰恰就是出手的时机。冬至已过，至冬已过。DEC 23, 2019

创新的汤、波、浪、涛、海

与友茶叙，聊创新，碰撞出“原始汤”“人才波”“资金浪”“改革涛”“市场海”等好玩的概念。

“原始汤”。这是 20 世纪 20 年代的理论，认为在 45 亿年前，地球海洋中产生了富含有机分子的原始汤。这些有机分子，是闪电等能源对原始大气中的甲烷、氨和氢等通过放电，引发化学反应而形成的。1950 年代，有人做了一个令人兴奋的放电实验。他用电火花（闪电）穿过类似原始大气的一种混合气体，发现甲烷中的碳有 15% 发生了转移，形成水溶性有机小分子，其中包括四种氨基酸和氰化氢、甲醛等。后来这一学说和实验被科研学者反复引用，来阐述创新策源。

“人才波”。瑞士联合银行（United Bank of Switzerland，UBS）前全球人才主管克里斯·罗巴克的“人才波”（the talent wave）理论认为，人才是动态的、复杂的、精力充沛的，因此我们需要利用人才，而非控制他们。发展人才的过程是“波状”的，并非一个静态的水池状，或者一个线性的管道状。

“资金浪”。1994年，巴菲特在股东大会上说，（资金）退潮了才知道谁在裸泳。资金趋利避害，其最大特点是流动性。其流动是有潮汛的，呈排浪式，涨得慢，退得凶。

“改革涛”。这个说法可能多少有点牵强，但内涵是，围绕创新，得有大开大合的改革，需要惊涛拍岸，不能温文尔雅，弄来弄去还是“茶壶里的风暴”。比如，特朗普削减美国国家实验室的“皇粮”，把资源要素逼向市场，就是“改革涛”。

“市场海”。2019年，因为汇率因素，中国离历史性地超越美国、成为全球最大消费市场，还缺一口气，但是这一刻应该很快就会到来。消费是终极性的策源力。JAN 14, 2020

多元文化

中华文化理解自然，西方文化研究自然；中华文化讲究与自然的和谐，西方文化寻找让自然为人所用的方式。人生于自然之中，与自然不同的相处方式，带来了不同的思想，从而造就了不同的文化。

《再见吧，美国》

向日本著名管理学家大前研一先生致敬。大前研一等智者，深刻地影响了前滩综研的分析框架。这里摘录他的《再见吧，美国——后金融危机的全球趋势》的若干洞见远见：

——如今的美国正在发生根本的变化，它已不再是我们熟悉的美国，已堕落为根本没有什么“资格”“风格”“品格”可言的国家了。这么说是一点也不过分的。

——（美国信奉）“全班最会打架的人怎么干都行”，根本没有民主的地位。开战并非出于外交而是出于内政原因。已变成蛮不讲理的“即热热水器”国家。

——当人们从凶相毕露的狗面前走过时，为不引发狗的狂吠和被咬，都要装作若无其事地走过。各国对美国的态度也是如此。

——美国媒体日薄西山。美国有线电视新闻网（Cable News Network，CNN）报道的九成内容堪称垃圾。

——中国的“对外开放”关系到美国的生死存亡。俄罗斯和中国均将与美国达成协议。欧盟迅速成为美国的对立面。“大西洋之战”将是美元和欧元之战。

——美国强大的秘诀在于大学，超越国境的“人才吸收体系”。美国强大的另一个源泉是 Google。缺乏宽容的美国，将“开始宣告结束”。

——美国向内看、向下看和向后看，有回到“门罗主义”的潜在可能性。

——美国重新崛起的三个条件：向全世界表示道歉，成为国际社会的一员，不再发动战争。

在“动态权变”中“缓退快进”

2019年上半年，我们的专家网络成员跑了全球很多地方。如果用最精简的词语，来表达所见所闻、所思所想，那就是“战略缓冲”。在这个时间窗口，中国对内凝聚了“自信”的共识，对外夯实了“他信”的基础。当然，既有可圈可点之处，也有不少需要深刻反省和凌厉调整的地方。

我们可能有若干个“想不到”。第一，中国的技术骨骼实实在在地长起来了，一系列的备胎计划（Plan B）浮出水面，势必重构全球供应链。第二，中美经济没脱钩，美国内部倒是有脱钩的迹象——企业家不怎么听政治家的话了（比如Facebook联合27个合作伙伴，发起有资产储备支持的数字货币，并将新组织注册到瑞士）。第三，在G20大阪峰会和巴黎“布雷顿森林: 75年后”会议等重大国际活动上，“一带一路”倡议成为焦点话题，被认为正在开启“新秩序”和“新标准”。第四，国内的旧动能、旧路径依旧顽固，新动能“抽象上说是清晰的，具象上说是模糊的”，一些新技术、新业态、新模式等方兴未艾即有过剩之虞。

旧的总是恋恋不舍，新的仍然踌躇不前。这就是当下我们面临的结构性矛盾。结构性问题，就是战略性问题。更替交接，造就机会，孕育冲突，大到国家，小到企业，莫不如此。“复杂学”应运而生，解构复杂、还原复杂、制造复杂、利用复杂，保持一颗冷静的忧患心，在“动态权变”中实现“缓退快进”。JUL 23, 2019

日本这样化解“超大城市病”

2014年9月，日本为纠正资源要素过度向东京集聚，过度“极化”，成立“城市·人口·工作创生本部”，由首相兼任部长，颁布了《城市·人口·工作创生法》等法律，并通过媒体和学界，向全民宣传“地方创生”的概念和内涵。具体做法有：

一是政府机关向地方迁移。引导人才和资源向地方流动。如将文化厅总部正式搬往京都。

二是实施区域再生计划。区域再生制度、都市商业街活性化、紧凑型城市、环境城市等。

三是建立“地方创生特区”。配合“国家战略特区”，推动区域政策优势叠加。

四是新型补助金支援。资助提高地方自立性和官民联动，引导民间资本进入。

五是大数据信息情报支援。构建区域经济分析系统（Regional Economy Society Analyzing System，RESAS）。

六是地方创生人才支援。将政府顾问、公务员、学者等，向地方引导和派遣（下乡），提升现有产业水平，孕育新产业；同时适度放开移民政策。AUG 7, 2019

认认真真学习“简简单单”的东京

纽约、伦敦、巴黎、东京，都是上海的学习榜样。而东京，以其独有魅力，更值得我们借鉴。

——城市规则相对稳定，少打补丁。通过规则，让不同人群都能健康快乐地生活；创造充满魅力的生活舞台；持续更新基础设施；自助、共助、公助，保持强韧的灾害应对体系。

——城市是容器，各类服务活动是内容。“商商旅文一体化”，服务民生，服务服务业，服务制造业，服务全世界。将旅游项目作为入口级功能性平台，向全球推广，建设国际色彩浓郁的多元文化共生社会。

——利益相关者总动员，建设“积极的自主社区”。商业机构、非营利组织、志愿者、自治体等，各司其职，主动担当，增进福祉、防灾、预防打击犯罪。人人是参与者，人人是受益者。

——顺势而为，创新创造。不去强行逆转东京的“涨势”，同时柔性化解“反东京主义”。努力建设老年人、外国人友好型城市。根据可塑性，提供最可能的支持，促进价值实现。

——打造可以和伦敦等国际大都会相媲美的营商环境，打破像磐石一样坚硬的各类管制，开放、放开，让“限制”成为特例。

东京不简单。基本解决“邻避效应”，基本解决“合成谬误”。AUG 22, 2019

“天人合一”
——中华文化与自然的联系

中国，向来以农耕文明为主。扎根土地、仰望天空的生活方式，使得在这片土地上孕育出的文化，与“天”，即自然，产生了深远的联系。

在中华文化里，贴近自然，藏身山林之间的隐居生活，向来被大部分文化人推崇。说起文人雅士，佛门高僧，甚至是武林高手，中国人的第一反应，往往都是深山老林里云雾缭绕中一个飘逸的身影。即便不能居住在自然之中，中国古典风格的建筑，也总要有些竹木结构。基于同样的动机，中国人开创了绝无仅有的园林艺术和盆景艺术。到了现代，虽然住进了钢筋水泥丛林，那些生活雅致的中国人，也总会悬书画若干于墙——那诗书里描绘的，是“蒹葭萋萋”，那画中画的，是高山流水。

中国人不仅有着贴近自然的生活方式，还有着贴近自然的精神状态。且看诗词里最常用的那些意象：风、雪、菡萏、婵娟……无不出自于自然。诸子百家在说理的时候，“逝者如斯夫，不舍昼夜”“山不辞土石，故能成其高”，也都是来自大自然的启发。除了这些雅的，还有俗的。骂人的时候，一句“还有没有天理了”，这里头的“天理”，指的还是自然的道理。

关于“天理”一词，有必要多说几句，中文里，“天理”既有自然的道理，又有伦理的意思，二者本就是同一个东西。也就是说，在中华文化的背景下，大自然和人的社会，遵循着同一套规则。道家的庄子最先提出的“天人合一”，正是这样的图景。

中华文化之所以会表现出以上这些与自然的联系，是因为其背后，有着相应的、与自然相互融合的思想。不论是得道成仙，顿悟成佛，还是成为一名谦谦君子，都有一个悟得“天理”的过程。而这个过程，便是中华传统思想的主要课题。这个课题的存在，有着以下两个前提：首先，存在一个唯一的“天理”；其次，人可以通过自身的思考与对自然的观察，领悟这个“天理”，亦即所谓的“格物致知”。需要注意的是，这里的“格物”，因为目的并不在于研究物体本身，而是寻找终极规律，所以并没有走向科学性的实验，而是强调了经验性的总结。在这里，中华文化与西方分道扬镳，一个走向了哲学，一个走向了科学。

人可以通过观察和反思，领略“天理”的真谛。这反映了从一开始，人就是与自然有统一之处的。到了王阳明，他在“格竹”的过程中对“格物致知”产生了怀疑，并在此基础上发展了自己的心学。王阳明认为，只要充分发挥“心”的作用，不让其被俗念所侵扰，就能领略“天理”。“心即天理”，人和自然，可以心意相通。

中华文化理解自然，西方文化研究自然；中华文化讲究与自然的和谐，西方文化寻找让自然为人所用的方式。人生于自然之中，与自然不同的相处方式，带来了不同的思想，从而造就了不同的文化。**SEP 5, 2019**

全球活动需要更多增值赋能

“城市，让生活更美好”的故事，“一切始于世博会”的信念，一下子澎湃涌上心头。2010 年上海世博会，逆转了世博事业的向下轨道，也给上海倍增了国际化变革的动力。

世博会、奥运会和世界杯，是公认的全球三大顶级盛事。世博会向人们展示通向未来的新生活、新生产、新交易和新治理，是建筑技术思潮和材料革命的领航者，是科学发现和重大创造的首发地，是观光设施和游乐园模式的试验田，是太空探索和通信技术进步的加速器……口香糖、啤酒、冰激凌、时装表演、《蓝色多瑙河》、电话、电视、电影、电梯、萨克斯、胶卷、空调、机器人、汽车、白炽灯、留声机、电动机、混凝土、摩天轮、自由女神像、埃菲尔铁塔……可以说，世博会的历史，清晰地记录了并显著地推进着人类文明的演进历程。

5.28 平方公里，184 天，190 个参展国家、56 个参展国际组织，7308.4 万参观人次，第一次以城市为主题……正如《上海宣言》所提出：和谐城市，应该是建立在可持续发展基础之上的合理有序、自我更新、充满活力的城市生命体；和谐城市，应该是生态环境友好、经济集约高效、社会公平和睦的城市综合体。

对 2010 年上海世博会，给予怎样的评价都不为过。同时，我们也要看到，“排队子、买票子、盖章子、看片子”“户外看造型、室内看投影”，95% 观众是国人、52% 观众来自苏浙沪，场馆后续利用不尽如人意，最佳实践区的探索戛然而止……

再思考，是为了更好地前行。比如：如何将特殊时期的治理手段标准化、标准规范化、规范习惯化？如何从“招商引展”升级为“招商引资”和“招国际组织、引全球活动”并重？如何在土地整理（城市更新）中促进产业创新？如何将阶段性流量转化为稳定性增量？如何将自然人活动转化为法人活动？上海需要更多的全球活动，需要将全球活动背后真正增值的内容留下来、转出来。SEP 18, 2019

创新走廊的 11 个要素

各地区努力寻找经济新动能，人们对经济 / 科技创新走廊的兴趣大大增加。

世界各地的创新走廊，范围大小差异明显。在某些情况下，走廊只涉及几个城市，也有可能涉及几个国家。沿走廊建立适宜规模的紧凑型区域，对走廊发展至关重要。紧凑型区域让人们在 2.5～3 小时内，能便捷到达区域内的任何地点，就地待上半天或更长时间，然后晚上回家或回到家庭办公室。在紧凑型区域内，促进协作和区域身份认识，可能更容易。而且，在紧凑型区域的任何地点发展起来的功能，都可以被该区域的其他地点所利用，产生直接或间接的“借用”和“共享”影响。

创新走廊具有知识—创新—创造（Knowledge－Innovation－Creative，简称 KIC）的内在逻辑。KIC 通过开发和利用知识产权等无形资产来创造价值。成功的 KIC 逻辑，包括了这些内涵：创新领导者、政策支持、适当资金，有吸引力的生活和工作场所。

创新走廊的 11 个要素分别是：竞争力、全面性、互补性、连通性、沟通、协作、背景、支持者、社区、国际视野和集中度。

“高质量一体化”是区域协同的最高境界。在此背景下，上海不会“水面扩大，水位下降”，而是成为高原（长三角）的尖峰。高原造就尖峰，尖峰引领高原。SEP 20, 2019

个体成功的四大 KDF

如何衡量个体的成功，见仁见智。如何总结个体成功的 KDF，倒是不难找到共同看法。

第一条，是勤奋。罗丹说："任何倏忽的灵感，事实上都不能代替长期的功夫。"尽管微积分有"积小直为大拐"，物理学讲"时空黑洞"（临界点），但在日复一日年复一年中，往往看不到"大拐""临界""突变"的希望，你还肯不肯继续勤奋付出、孤独坚守？

第二条，应当是本分。前面说要"坚守"，就是要坚定地守住本分和初心。走了一段时间，人们经常会忘了出发时的码头，因人因势、应景应情，轻易调整对"彼岸"的向往。"动态权变"的结果，就是主辅倒置，目的和手段互换。

第三条，恐怕是天分，也就是禀赋条件。先天的初始值很重要，后天的附加值更重要。我不禁想起古代国王赏赐国际象棋发明者的故事（在棋盘上放米粒，第一格放 1 粒，第二格放 2 粒，第三格放 4 粒，以后每一格米的数量都比前一格增加一倍），可见附加和累计是何等要紧！非常欣赏一位成功企业家的口头禅——我是“富二代”，但我更是“创二代”和“闯二代”。

第四条，却是缘分。佛家称之为机缘，道家称之为机遇。其实都是IT语境下的接口、界面和平台。吕埃勒说：“机遇是可以被驯服的。”关键看接口是否可用，界面是否友好，平台承载能力是否足够?

勤奋、本分、天分、缘分等自变量X的演绎变化，决定了个体（群体也一样）成长发展的函数表达式$Y=f(X)$，也符合恩格斯关于事物发展的四边形法则。SEP 23, 2019

“抢人大战”的技术要领

人口 / 人才净流出的城市，多半是清冷的收缩型城市。人口 / 人才净流入的城市，多半是繁荣的扩张型城市。“抢人”的重要性，可见一斑。

如果说在工业经济条件下，哪里有企业哪里就有就业（people follow business）；那么在服务经济条件下，哪里人口 / 人才扎堆，哪里就有活力和生机，哪里就有生意和买卖，哪里就有企业和产业（business follows people）。为什么东京、纽约等全球城市花那么大力气打造“年轻人友好型城市”“女同胞友好型城市”，就是这个道理。

我们有的地方，找对方向，找错方法。有的地方，走对了路，却只走半步。表面原因是领导不够关心，或者曾经关心的领导有了新的兴奋点。归根到底在于，对人口 / 人才集散所承载的高能级现代化产业要素流动的基本模式，缺乏认知。

第一种，大家耳熟能详，发端于美国西海岸的“硅谷模式”——城市边缘，高校驱动，大尺度，低密度。第二种，发端于美国东海岸的“硅巷模式”——通过城市更新，促进产业创新，把硅谷的元素引入大街小巷，促进科技创新、金融创新、文化创新的深度耦合。第三种，发端于美国中部山区的“波兹曼模式”——有风景的地方兴起新经济，通过郊野公园生态景观资源和都市品质公共服务，把旅游观光人口就地转化为创新创业人口。第四种，发端于美国南部的“奥斯汀”模式——通过“西南偏南”（South by Southwest）音乐 + 电影 + 技术交易活动，以公共活动的形式，吸引年轻人带着技术新品、带着创意、带着梦想，大家激荡思想、碰撞思想、交易交换。所有的一切，都是始于人，始于年轻人。善待年轻人，就是善待我们的未来。

如何善待？要从老式的 TOD（以交通为导向的开发，Transit－Oriented Development），转向新式的 TOD（以人才为导向的开发，Talent－Oriented Development）。前者的内核是 GOD（以政府为导向的开发，Government－Oriented Development），后者的内核是 MOD（以市场为导向的开发，Market－Oriented Development）。

此处的“导向”，更准确地理解，是“入口级功能性平台”。深圳曾经有，杭州现在有了，上海时强时弱。OCT 10, 2019

高质量发展需要混序

我对“混序”（chaord）推崇备至，简直到了迷恋的程度，前滩综研有一个办公室就叫“chaordroom”。开展产业/区域规划研究时，我们的口头禅就是“业态纯化，必然导致功能退化”“系统性一致，是创新的天敌”“适度混乱，是明智之举”。

“混序”不是我们的原创，而是出自VISA创始人迪伊·霍克。他认为，“复杂系统应该是在混沌与秩序间的窄缝中出现”，于是借用混沌（chaos）与有序（order）的第一个音节，造出了“混序”（chaord），用来表达一种自然有序之道。正是基于这样的理念，他放弃强制性和计划式的控制，创建了一个非凡的成功组织VISA。这种组织可以如森林和海洋等生态系统一样，自我组织，自我适应，自我调节。

“混序”的功效，至少有减缓治理压力、降低管制成本、包容创新挫折、鼓励元素复合……我们曾经总结一家世界500强企业的发展历史：第一阶段是“理性随机”，第二阶段是“柔性机械”，这两个阶段是它们发展最凌厉的时候，因为暗合“混序”的理念。

这个判断得到了该企业的极大共鸣。

爱因斯坦问过，如果乱糟糟的书桌象征着混乱的思想，那么空书桌又代表着什么？但是人们（尤其是东方人）对秩序有着强烈而盲目的偏爱，宁可“空”，不愿“乱”。于是，我们看到店招被统一，摊贩被取缔，街头艺术家被驱逐，“夜经济”振而不兴，思想被“格式化”……

高质量发展需要什么？“混序”（chaord）！

OCT 14, 2019

“19年收获19个诺贝尔奖”的日本密码

羡慕嫉妒之余，到底能总结提炼点什么？除了日本人的“一根筋”特点（有点类似卡夫卡说的——从一扇窗户看到的风景，对我来说，已经足够），锚定特定研究方向，不跟风，不追热点，不把“从财政扶持中套利”当商业模式等，日本人的自我批判精神，让人印象深刻。

自我批评最厉害的，是大前研一。他认为日本正在进入低智商社会。表现之一：集体不思考。电视广告说，食用纳豆有助减肥，超市里的纳豆马上被一抢而空。表现之二：集体不学习。日本人坐地铁时看书蔚然成风，什么书？漫画书。他很担心，集体不学习，正在造就日本1个亿的经济文盲。表现之三：集体不负责，当然主要是指政客们。将来，人们靠什么谋生？三大神器——英语、金融和IT。但日本的政客只懂——地盘、看板和皮包。

其实，早在2002年，日本工学院大学的一位教授就创建了日本失败学会。他严厉批评日本的“三不员工”，即“不看”“不想”“不行动”；认为要有

“流量”靠什么保障？内外贸一体化！中美之间，此次是美方先让半步、中方再多让半步，大家都想“以战止战”，均已疲惫不堪，而未来一定是“大吵大贸”，脱钩和嵌套并行。关键是抓住贸易流量背后真正增值的东西，那就是对供应链的控制和创新。OCT 23, 2019

“无已大康，职思其居”

宁海县前童古镇一处四合院的入口处牌匾高悬：“职思其居”。导游小姐说意思是在外任职时要想想家里。闻后我就心有疑窦。

返沪路上一查，发现“无已大康，职思其居”出自《诗经·唐风·蟋蟀》，应该是“不可太享福，本职得承担（得想想所处的职位）”的意思，直抒胸臆，劝人勤勉。

导游小姐误读，是无伤大雅的小事。我想到更多的，是让我们的公务系统快快乐乐地、安安全全地“职思其居”。《诗经·唐风·蟋蟀》中进一步提出，“无已大康，职思其外”“无已大康，职思其忧”。合起来的意思，大致是不要过分地追求享乐，应当好好想想自己承担的工作，对分外事务也不能漠不关心，尤其是不可只顾眼前，还要想到今后可能出现的忧患。

回顾在当地主题教育活动中提出的想法：公务系统“do things right”，营造“绝对便利、相对便宜、本质公平、全面安全”的营商环境，才能保障我们的市场主体“do right things”，提升企业的获得感。

如何实现之？我要继续呼吁：公务系统涨薪50%，市场主体减负50%。尤其是公务系统，应该推动其本源性权益倍增，衍生性权力归零。前者提高幸福指数，后者降低风险程度。OCT 26, 2019

“到上海，来下海”

和来自全国的200多位独立董事，一起接受上海证券交易所组织的“再教育”。期间，我多次听闻外地朋友对上海的溢美之词，大抵是赞扬组织工作悉心周到，宾至如归，培训地点（虹口提篮桥的远洋宾馆）周边地区人文底蕴深厚，浦江夜景璀璨迷人，等等。

心弦仿佛被拨动了一下，不禁自问：我最喜欢上海的什么？

就是喜欢上海的简单。她不掩饰、不拧巴、不跟风、不造作。有些北边的城市，总是急吼吼地以不正确的打开方式，刻意展现某种“正确性”。有些南方城市，明明很“物质”，但是又怕被人直接洞穿，所以喜欢以创意创新之名，行锱铢必较之实。

在上海，市场逻辑是根本源，同时正因为这种根本源，决定了自身的“正确性”。体现为开放包容、普惠均衡、诚信践诺、责任担当、集约节约；体现为以人为本，这个“人”包括本地居民、外来“游”民、企业公民；体现为烟火气，这个烟火气是弥漫于街头巷尾的舒适度、便利性和多元化；体现为既能赚钱于闹市，也能养生于宁静。这应该能解释为什么全国的创业英雄纷至沓来（当年是留不住的，今天是挡不住的），为什么境内每 5 个外籍从业人员中，就有 1 个是在上海。

在上海“营商”，相对是简单的、清晰的、逻辑分明的。客观的叫规律、主观的叫规矩，刚性的叫规则、柔性的叫规范。在上海“营商”，门槛是高的，但是只要不犯前述的四个“规”，市场主体在上海的存活率、成长率、成功率是极高的。

上海是加油站，不是收费站。当然，“到上海，来下海”，还得明确一条，不是来 PK 成本，而是来追求效率和效能。NOV 4, 2019

“瞭望者”画像

我对“记者”“专家”“领导”并没有一丝一毫的成见，在此仅客观地转述一些评论。

曾听到这样的评论：喏，那位专家，涉猎广泛，兴奋点转移得很快，什么热门就研究什么，领导关心什么就研究什么，还是个快枪手，反应之快，一般的记者都跟不上。也听过如此评论：某某记者，青年才俊，见地深、视野宽、逻辑清，追根溯源，言之有理、言之有据，是个专家。

经常听到：某某是专家型领导，内行领导内行，大家服帖，心平气和，风生水起。也听到：某某是领导型专家，位高权重，一言九鼎，牢牢掌握话语权。

多元社会，多元诉求，多元路径，多元呈现。有的侧重广度、速度，有的侧重深度、高度，有的侧重正式权力，有的侧重非正式权力。这都正常，可以理解。最怕错位配置、扭曲配置。记者型专家，满天飞。领导型专家，生杀予夺。须警惕。

改造一下约瑟夫·普利策的话①：“倘若一个国家是一条航行在大海上的船，记者/专家/领导就是船头的瞭望者。他要在一望无际的海面上观察一切，审视海上的不测风云和浅滩暗礁，及时发出警报。” NOV 11, 2019

① 原文是：A journalist is the lookout on the bridge of the ship of state. He notes the passing sail, the little things of interest that dot the horizon in fine weather. He reports the drifting castaway whom the ship can save. He peers through fog and storm to give warning of dangers ahead. He is not thinking of his wages or of the profits of his owners. He is there to watch over the safety and the welfare of the people who trust him.

我们如何开始一次汽车旅行

下班路上，车子摇摇晃晃，突然想起原联合国教科文组织总干事科学顾问欧文·拉兹洛（Ervin Laszlo）提交给罗马俱乐部一份报告《决定命运的选择——21 世纪的生存抉择》，里面有一段文字，非常生动形象地描述我们如何开始一次汽车旅行。

为了确保抵达目的地，我们必须预先得到并熟悉公路交通图。拉兹洛先生认为，这相当于了解未来发展和进化的趋势。我们必须给油箱加满汽油，他认为，这相当于激活动能（创造力）。必须发动引擎，他认为，这相当于人们相互理解，愿意合作。必须挂上档位连接车轮，他认为，这相当于让人灵敏地感受各种状况，并有效和及时地给予反应。

拉兹洛先生认为，除非我们知道要到哪里去，有足够的燃料，使发动机运转起来，并挂上了挡，否则，我们无法到达目的地。我们之所以未能前进，多半是即便加满了油，发动了引擎，使劲摆弄方向盘，但没有将引擎和车轮连接起来——没有使人们对急转的形势有足够精准的预判，并提前进行反应。

拉兹洛先生提出，了解基本趋势，意味着既要看到树木，也要看到森林。他引用了马斯洛的观点：健康的人从整体上观察事物，过分专业化和片面化是心理失常的征兆。没有广阔的视野，我们就会迷失在一连串无止境的混乱事物中。危险是很现实的，比如支离破碎的知识体系、条块分割的部门设置等。

非常有意思的是，他认为东方智慧保持着自身特有的逻辑，尽管已经“现代化”，却没有西方化；以中国为中心的大文化圈由老子的自然主义、孔子的社会行为准则和佛陀对个人领域的关注所构成。看得出来，他是倾向于一体化、系统化、整合化的。

东方智慧，尤其是整体论，大抵是有利于识变、应变和求变的吧。NOV 15, 2019

悦纳杂音，发现更多可能

在信息时代，人们太容易找到足够的“材料”来构筑一个偏好导向的世界。这个世界可以做到没有“杂音”，将你不想看、不想听的内容，有效屏蔽在外。用户标签化、资讯定制化，选择—强化—固化—再选择—再强化—再固化……“回音室效应”让我们迷失在高科技、现代化的“信息茧房”里。

木心曾说：“当一座城市和你变得太像时，它就对你不再有益。”我们正在根据自己的观念、思想和需求，主动/被动地建造一座和自己越来越像的堡垒，有意识、无意识地排斥“不合我意”。毕达哥拉斯学派曾经用整数及其比值，缔造出无比宏伟的数学大厦，却很快故步自封，将异议者无情地投进湖里淹死，错失了发现无理数的一次良机。

在“信息茧房”里，我们自得其乐，享受静态的、预期的，甚至想当然的资讯，和“计划外”思想的交互碰撞越来越少，颠覆性创新自然也是越来越少。这就是传统而顽固的路径依赖：不管你欣赏什么，都是自我欣赏。

为了打破“信息茧房”，需要更多的开放性、包容心和逆向思维。在决策研究中，就应该有“模拟蓝军”和“找茬部队”的角色。论证可行性，不妨从排除不可行性开始。

虔诚学习《星云智慧》，读到大师的自问自答。佛教为什么会衰败？一言以蔽之：佛教的制度不能合乎时代的潮流。为什么佛教不能复兴？因为佛教忽视批评！

茅塞顿开，更觉杂音之“贵”。悦纳杂音，便能发现更多可能。**NOV 26, 2019**

今天的上海，向昨天的上海学什么

下班路上，我非常敬重的一位外交官朋友发来微信，转述一位德国友人恩格斯先生对上海建设的赞赏，包括综合便利、基础设施和数字化的先进性等。恩格斯先生不认为东京是上海的好榜样，因为“东京的外国人（常住者）太少，人们都不会说英语”，“日本人、日本社会很封闭”。外交官朋友问他：“那上海的榜样应该是哪个城市？”恩格斯说：“新加坡在国际化方面，做得非常好，外来人士感觉很舒服，推进国际化的很多细部规划非常好。”

我隐约听出来，恩格斯先生认为，日本人把自己搞得很舒服，新加坡人让别人很舒服。上海怎么学呢？我正在嘀咕，外交官朋友说：“上海要向别人学，包括新加坡、日本（东京），集取众长。同时，可以在上海自身的丰富历史积淀当中，获得灵感。”

他进一步说，“我们提出一个可持续的模式，必然从自身的历史传统当中，汲取丰富多样的营养。‘海派’就是上海最丰富的优势”，“‘海派’仍然是一个有生命力有内涵的概念。中国需要‘海派’”，“要在历史积淀、历史经验的基础上，提出‘21世纪的新海派’”。

于是，就有了上述的标题：今天的上海，向昨天的上海学什么。这位外交官先生对上海青睐有加、情有独钟，他曾提出，“综合起来，还是上海的条件最好。（自贸试验区）这事情，本质上是个软实力的东西，并不适合许多地方同时展开”。

和智者对话，赏心悦目。DEC 4, 2019

重温墨子“三表”有感

周末在家，重读任继愈 1961 年的专著《墨子》。其中有关于“三表”或“三法”的评价。任先生认为，这是墨子认识客观事物的方法和检查认识可靠性的标准。

墨子在《非命》中说：“言必有三表。何谓三表？子墨子言曰：有本之者，有原之者，有用之者。于何本之？上本之于古者圣王之事。于何原之？下原察百姓耳目之实。于何用之？发以为刑政，观其中国家百姓人民之利。”

对于一种言论或一件事情，判断真假，决定取舍，首先要考证历史记载，借助前人经验（本之）。能学习和借助间接经验，是人类学习的特点之一，是其他动物所没有的。其次是观察普罗大众的实际感受（原之），以此为初心，为原点。最后是遵循国家和人民的利益，将经过判断和取舍的言论主张，转化为政策法令（用之）。

本之（墨子还表述为考之）、原之、用之，是反对主观、相信客观、强调逻辑、注重实证的经验论和实践论。墨子提出“表”，将其定义为“标准”，作为衡量思想、推动实践的尺度。这是中国古代哲学史上的伟大创举。

先秦诸子中，墨家最讲方法、最讲科学、最讲标准。墨子将标准进一步上升到“法仪”的高度。子墨子曰：“天下从事者，不可以无法仪；无法仪而其事能成者，无有也。”

“表 / 法”（标准）和“法仪”（标准化），当是治理之基。**JAN 3, 2020**

为我们的不同而高兴

再次看到这句话——“Delight in our differences”（因不同而欢欣）。很自然联想到我们办公室墙壁上的这句标语“What we need is not to disagree less, but to disagree better.”（我们需要的不是更少的分歧，而是更好的分歧。）

《论语·子路》中，子曰：“君子和而不同，小人同而不和。”翻译成现代汉语就是：君子待人和谐友善，但不求与对方苟同；小人或者嗜欲相同，或者迎合对方，但内心却没有和谐友善的态度。

因为“和而不同”，孔子提出“己所不欲，勿施于人”。英语世界里则有大家耳熟能详的表述：“I disapprove of what you say, but I will defend to the death your right to say it.”（我不同意你说的话，但我会誓死捍卫你说话的权利。）这已经成为一种全球性的共识。

鹰击长空，鱼翔浅底，万类霜天竞自由。因为自由而多彩，因为多彩而精彩。一元化、一样化、一致化乃至格式化，是对自由和多彩的极大伤害。

有一次，一位朋友跟我说，你们的专家平台不容易，没有精神“部落化”，没有“板结化”，大家在里边还可以心平气和地“吵架”，“吵”去了假消息，“吵”出了真逻辑。倍感荣幸，压力山大。JAN 6, 2020

智慧治理

在有限理性和有限信息的约束条件下，最佳的治理模式是分散决策、充分竞争、兜好底线、和而不同。简言之，是更早识变、更少管制、更有保障（发挥市场在资源配置中的决定性作用），是可持续、不可逆。

中国人口趋变的四个话题

人口问题，肯定是城市治理当中最复杂的领域。可以理出四大话题：老龄化、少子化、福利型人口导入失控化、外来既得利益者“排外化”。

——老龄化，是显性的、世界性的挑战。这无疑是人类社会进步的结果。中国大城市居民的平均预期寿命，已经全球领先，并将继续提高。

——少子化，受到象牙塔专家们的特别关注，研究文章汗牛充栋。我们当然支持生育政策的进一步放开，但是也相信，随着智能辅助等技术的广泛应用，生产方式、生活方式、交易方式、治理方式将发生颠覆性创新，未来对新的人工劳动力的需求将有某种“滞胀”。

——福利型人口（非技术型人口）导入过多过快，超过了城市公共服务能力的扩张速度，是相当棘手的两难问题。

——更为敏感的是，当一个城市的治理团队引入越来越多的外地精英，这个群体也逐渐成为既得利益者，反而不愿意支持开放包容的治理政策，趋于保守。

比如魔都，最“排外”的并不是上海“土著”，而是少数资深的“新上海人”。JUL 8, 2019

响亮地喊出“自由临港”

上海自贸试验区临港新片区的历史担当，是不言而喻的。我们要秉持极点思维，谋求拐点效应，须赋予新片区尽可能高、尽可能新的“自由度”。

让新片区全域成为“创新沙箱”。可明确定位到“特殊经济功能区、全球风尚自由城”，代表上海乃至国家，参与全球合作竞争。

以创新驱动创新，以激情点燃激情。不进则退，久横必退，慢进也是退。须以“使命必达，舍我其谁”之气概，决战新片区，建设未来城。

响亮地喊出“自由临港”的口号。高举高打、先行先试、实事实做，目标清晰，共识广泛，坚决锚定于建设社会主义现代化国际大都市的世界级增长极。JUL 29, 2019

把“政策供给”这件事情做“对”

做好“政策供给”至少有四个层面的内容：

——“对接”市场生动、具象、多样化的需求。市场导向，是第一位的，终极性的。

——“对照”因时空而动态权变的上位要求。对上位要求，应创造性地去柔性响应。

——“对表”2035。任何工作，都应该被放在时间维度上谋篇布局。

——“对标”国际最高标准最好水平。阳光下没有新鲜事。他山之石，可以攻玉。AUG 14, 2019

新时代高质量区域一体化的要义

要推崇的，莫过于解决“合成谬误”，避免“以邻为壑”，实现“共建共享、互联互通，流留结合、以流促留”，推动国内统一市场的形成，应对全球市场的碎片化挑战。在贸易战的大背景下，“CTO”（中国贸易组织）比 WTO（世界贸易组织）重要。

要反对的，是简单机械的“以我为主”“我的地盘我做主”“自我配套”“万事不求人”“自我补短板”“我的是我的，你的也要变成我的”。区域经济追求“大而全”的必然结果，是“低而弱”，难以形成核心竞争力，难以拉长板，难以深化混合式分工（不再是简单的垂直分工或水平分工）和推动技术进步。

要强化“局部让渡 / 托管”“双向飞地”“孵化—转化—转移”“国引民进—双向渗透”和“次区域融合、跨区域联动”“连接周边—链接全球”“同城—成链—并网”等意识，共同优化本区域的生产力布局，提升产业基础能力和产业链水平。

归根到底，一体化不是“一样化”，而是基于自由贸易制度的要素流动便利化。最难的，是“以项目化推动一体化”，难就难在谋划生动而具象的项目。要素流动是通过项目来承载和实现的。

具体到长三角，建议大家不要忽视南京和合肥的人才 / 技术输出，不要忽视宁波的再出发。AUG 27, 2019

分化的世界，不停步的中国

前所未有的分化，就此开始。悲观者，戴着厚重的有色眼镜，花 99% 的力气选择性收集、放大坏消息，让自己沉浸在悲观中螺旋，并孜孜不倦地让身边人都悲观起来，甚至以此为乐。谨慎乐观主义者则潇洒得多——天不会塌下来，路要靠自己走。没心没肺？非也！豁达背后是有逻辑的。从“挨打”到“挨饿”，再到今天的“挨骂”，是成长，是迭代。

没有人能在不扰动别人奶酪之余成长起来，没有人能在完全由别人设定的游戏规则中充分而自由地成长，没有人能相信你不突破、不挑战、不冲击。

一个相对越来越小的世界，对一个相对越来越大的乍看不合群的家伙，有一些惊诧、有一些焦虑，是人之常情。当然，我们已经犯下和正在犯下的错误太多，亟待自我修理、自我革命。

中国经济社会有很多“肠梗阻”，每疏通一项，都能牵引出新的发展行情。体制释放、开闸放水的空间，依然充沛。走小步，不退步，不停步，少走弯路。慌则乱，急则疲。淡定！现在要做的事情是：让内部安居乐业，让外部喜闻乐见。AUG 29, 2019

北欧厄勒区域一体化

区域及区域化，涉及地理学、经济学、政治学和哲学等领域。20 世纪 90 年代，新的区域化模式兴起。这种发展与全球化紧密相连。由于商品、资本、劳动力的流动性增强，现代区域一体化理论拒绝旧的传统空间维度，并通过关注移动性、灵活性，动态和协调举措来取代它。例如，在网络和治理系统中，现代区域建设的重点是：建立经济发展框架，积极看待与较大实体相关的政治和经济项目。

区域化建设的驱动力有三种类型：市场驱动，政策驱动和概念驱动。各种区域化需要时间，最快的是市场驱动的区域化，而最慢的是政策驱动的区域化，因为需要时间让所有利益相关者参与其中。

厄勒海峡委员会制定了“区域化指数”来衡量区域化进程的发展。它由五个主要指数和几个子指数组成。不管是理念还是实践，北欧厄勒海峡区域化可借鉴的地方有很多，应当认识到全球化进程和关注劳动力市场，以及基于共同价值观背景的重要性。此外，价格差异也是区域化的强大推动力。SEP 11, 2019

智慧城市建设的初心

智慧城市，由三部分组成：智慧的“城”，智慧的“市”，“城”和“市”的智慧交互。

智慧城市建设的初心，可从“市场经济的要义是流量经济”的角度去理解，就是促进要素和资源的便利流动，也就是共建共享、互联互通、流留结合、以流促留。

在实践层面，“新型智慧城市建设”需要降维：从抽象回到具象，回到满足“人”（本地居民、外来“游”民、企业公民等）的需求上来。以实在动作，解决实际问题，包括条块利益“合成谬误”的问题，对“双高”（高质量发展、高品质生活）牵引乏力的问题，基本型标准配置多、本地化特色应用少的问题，以及监测度量难的问题等。

建议认真学习日本的Society 5.0（社会5.0）做法。必须学其根本——技术驱动的目的，是为了舒适生活。日本立足于尽可能服务国民，针对老龄化、少子化持续加剧等国情，让技术来增值和赋能。美国立足于打击可能的对手，根据未来作战样式，开发未来技术，孵化未来产业。日式更容易学习，容易参与，容易成功。

当然，除了促进要素流动的初心，还要有十年磨一剑的耐心，才能成就智慧城市建设的雄心。不能太着急，目前看，智慧城市建设依然“新兴”，尚难言“新型”。SEP 12, 2019

穿透理解若干区域新“牌子”

在保增长、促改革的大背景下，只要是风险可控、绩效可观，自下而上的自主改革、自费改革，都是被欣赏的、被鼓励的。地方敢扛、上面肯放，成为新常态。“路条”不再是问题。有问题的，是有些条块，陪着、装着、端着、晃着。

自贸试验区是什么？是你应该做好，但是没做好，所以点名要你做好。深圳示范区是什么？是你做得很好，希望你做得更好，而且是扩开来做、放开来做。临港新片区是什么？是你原来没有条件，现在给你创造条件，希望你趟出一条新路。长三角生态绿色一体化发展示范区是什么？是让你将“青山绿水就是金山银山”这条路走通，在基于规模经济和范围经济、共建共享、互联互通中，实现新时代的高质量的一体化，达到连接周边、链接全球的效果。

牌子依然有用。牌子可能没以前那么有用。关键是，你将怎么用。是高高举起、轻轻放下，还是高举高打、先行先试、实事实做？最有效的做法，肯定是以市场逻辑为主线，政策逻辑来保障，政治逻辑来牵引。归根到底，取决于市场逻辑。SEP 16, 2019

对“宇宙中心”大虹桥的冷思考

大虹桥，相当于长三角的人民广场。空间上属于上海，功能上超越上海一域。便捷的“入口级”功能平台，创造了流量、创造了价值、创造着传奇、创造着未来。“对接大虹桥，就是对接大上海”，已成为响亮口号。

大虹桥“妙”在生产力布局疏密得当，“巧”在规避了“业态纯化”，“准”在达致“流留均衡”，“优”在解决“合成谬误”（管委会被认为是“好婆婆”，是“加油站”，而不是“收费站”），“精”在吸引外地政企客户来买楼置业（比起浦东开发开放之初动员部委和各省来盖楼，还要划算）。

今后上海的空间思路，是“东西两翼、南北两端、中心开花”。大虹桥，就要扛起给东—西、南—北搭桥的重任，在此过程中首先做实城市副中心，而后进一步中心化，提升能级和密度。

需要预警的是：大虹桥强的是省际“大交通”，弱的是内部“微交通”；强的是对楼宇品质的统一管控，弱的是对入驻业主的理性引导。外地（大到省会城市，小到街道)到大虹桥“买楼风”猛刮,这是把“双刃剑”:好处是存量商品房去化;挑战是造成“二次空置”、管理缺位、服务退化、用途庞杂,推高了物业租售价格,推高了商务成本。企业在外地虚拟注册,在大虹桥办公(属于“异地运营”),“以税抵租”等做法,客观上对上海的税基税源造成了一定的冲击。此外,还包括:产业门槛失灵、往往“拉到篮里都是菜”、中介机构满天飞、不良商业模式冒头等问题。

关键是建立共商共管共治共享机制。**SEP 17, 2019**

变化不大就不是上海

上海，一座因开放、创新、包容而变革常青的卓越城市。上海，就是要变化大，变化不大就不是上海。变革脉络，是在全国的大局全局中，精准识别自身的特殊位置、特殊条件、特殊使命和特殊机遇。变革基调，是高质量创新发展。变革任务，是持续迭代，确保多少年后，能以动态优势，参与全球合作和竞争。变革模块，是排头兵、先行者、新片区、一体化、桥头堡。变革单元，是 16 个区。

2013 年 5 月，愣头青般的我们，公开发表“上海 17 区县微评论”，激起千层浪。在受邀去若干区县“茶叙”时，近距离感受到一批主官的思考力和行动力。

现在 17 个区县变成了 16 个区，大家比学赶帮争上游，共同推动上海深改革、再开放、新出发，让上海经济“水面”更大，“水位”更高。但实事求是而言，16 个区的精气神和绩效，正在严重分化。谁在空转，谁在实干，谁高高举起，谁轻轻放下，大相径庭。对各区的洞察，2013 年更多是基于现场调研的定性判断；2019 年仍将是定性判断为主，但更多是基于人机结合的大数据系统，见微知著，睹始知终。

我们注意到各种情形：① 缺个性，缺血性，不赶前不赶后，随着大流往前走，能走多远是多远；② 在谋划重大项目布局时，可能没有根也没有苗，什么热闹往什么方向靠；③ 端着、装着、陪着、晃着；④ 抽象肯定，具象否定，开大门的同时“微障碍”层出不穷；⑤ 准确识变、科学应变、主动求变，化消极为积极，化被动为主动，敢闯、能创，后队正在变成前队；⑥ 对照上位要求、对接市场诉求、对标最高标准和最好水平、对表 2035，自主改革，不待扬鞭自奋蹄……

上海，上海，上善若水，海纳百川。在奔腾入海的过程中，有的舍我其谁，弄潮儿勇向潮头立；有的故步自封，成为支流末节。历史分岔，始于眼下分化。SEP 24, 2019

重新锚定初心

中国改革所处的“水域”，其实无关深浅，要紧的是已无石头可摸。石头的作用是什么？帮着我们“锚定”位置，不至于被湍流卷走。走锚位移，大致有如下表现：

——闹钟现象：睡前豪言壮语，清晨闹钟响起，直接拍掉，美滋滋睡回笼觉，却警醒了别人……

——手电筒现象：只照别人，不照自己。放大别人的瑕疵，盯着别人的短板，大做文章……

——美男子现象：我又前进了一大截，走在康庄大道上，前面阳光灿烂，真心享受当下，我就做一个安安静静的美男子吧……

——零和博弈意识：凭什么让利给企业？给企业多了，我就少了。宁可烂在锅里，也不能放出去……

——过马路意识：多做多错，快做快错。过马路，要一慢二看三通过。最好是中国式过马路，跟着走，随着走，别去做第一个，只要不是最后一个就好……

——红绿灯意识：红灯，坚决不走；黄灯，还是坚决不走；绿灯，确认、确认、再确认，哦，真是绿灯，走一步试试……

——大无畏意识：没吃过猪肉，难道还没见过猪跑吗？我虽没干过企业，指导企业还是绰绰有余的嘛……

——“摆平”和“搞定”意识：“摆平”就是水平，“搞定”就是稳定，我只要结果不要过程。什么，会有次生灾害？我才不管……

以人民为中心，向中央看齐，不忘初心，牢记使命，就是让我们重新“锚定”。SEP 29, 2019

改革的理想版本是改革“改革者”

87

某地，曾以“积极不干预”和“双向感知”（政府精准感知企业诉求、企业具象感知政府引导），赢得一片赞誉，成为创新创业者的“麦加”。某地，曾以“绝对便利、相对便宜、本质公平、全面安全”，执“三大经济”（涉外经济、楼宇经济、总部经济）之牛耳。某地，曾以“小政府大社会”“系统集成改革”领风气之先，吸引全国“孔雀东南飞”。某地，曾以科技创新资源之超级密集度，让人对知识改变命运、新经济塑造新城区，满怀憧憬……

为上述动作和状态由衷点赞！改革的理想版本，是改革“改革者”，通过“改革者”的自我革命、内在革命，将市场和社会的新动能逼迫出来。

令人扼腕的是，有些条和块上的改革，正在异化为“改革”动作的宣示和传播——“改革”，是为了被听到、被看到、被褒扬。这样的“改革”，势必是“茶壶里的风暴”，和应对百年大变局之紧迫要求格格不入。改革极有可能因为“改革者”的“高尚而危险的自负”，而事与愿违，甚至走到初心的对立面。SEP 30, 2019

“一体化”不是一样化、一致化

03

关于长三角“一体化”，既有的认知如下：

核心是促进要素的自由化、便利化、增值化流动，解决“合成谬误”、不均衡、低效率等；需要动力集成+压力倒逼；需要政府侧和市场侧共同发力；更需要政治逻辑牵引、政策逻辑护航、市场逻辑驱动。

长三角一体化由共同的美好生活、区域协同创新体系、现代产业集群、智慧治理格局构成；服务本地居民、外来“游”民、企业公民；体现为转化率、存活率、成长率、成功率和政府效率。

对于长三角“一体化”，最新认知应该是：

——“一体化”这个跨区域综合治理的国家级平台，要放在全球化在逻辑重构中重新加速的框架内理解；“一体化”，必须促进次区域在融合中成长为“高原”，连接周边是为了链接全球；要设计“借用—共享”的体制、机制、法制、税制；要充分调动“业界自律自治”的创造性和积极性。

——要有一系列“灯塔倡议”（light house initiative）；设施互联互通，是最易着手、见效最快的投资。北欧跨国一体化的标志性建筑——厄勒大桥（2000 年启用），造价 41 亿欧元，到 2013 年，累计“社会盈余”76 亿欧元。

——要有测度，要尽快取得早期收获，需要内涵逻辑化、逻辑模块化、模块指数化、指数实测化。OCT 8, 2019

聪明的决策路径和精巧的配置组合

聪明的决策路径，就是告诉大部分人，听大家的意见；和小部分人商量，搞各种情景模拟；最后，当机立断，几个人说了算。现实中，我们看到更多的是，知会几个人，一个人说了算，没有模拟，没有预案，出了意外或差池，进退两难，“甩锅”也难。还有一种情况，就是搞机械的集体决策，结果就是大前研一说的“集体不思考、集体不学习、集体不负责”。

精巧的配置组合，则要从融会理解这两句话开始——“发挥市场在资源配置中的决定性作用”“更好发挥政府作用”。市场决定资源配置，政府决定制度配置。后者服务前者。在99%的情形下，政府“走近”市场，但不要“走进”市场。

哲学上有个“缺陷意识”概念——人无法知道自己不知道什么。张五常一直告诫，聪明的政府/领导，知道不要去做自己不懂的事情。在中国经济变革的伟大进程中，职能部门的作用是显性甚至强势的，不可或缺的。但必须强调，这个作用是有边界的，同时也是有限度的。千万不要有精英意识，觉得自己强于市场，可以对市场发号施令。如果这么想，下一步自然就是包打天下，再下一步必然就是包揽错误。

过去40年，我们看到，一流人才加快往企业集聚，职能部门保有大量一流人才，二流三流人才在高校，难入流的人才在智库。因为缺乏思想市场，绝大部分智库不知所从、不知所终，难以吸引人、留住人、培养人。OCT 11, 2019

不能让大货车变成“大祸车”

有人曾形象地把超限超载车辆比喻为“掠夺性命的武器、道路设施的天敌”。事实上，治理超限超载运输现象是一个世界性难题。

各国有一些共同的招数，第一位就是法治，没有半点怠慢和马虎，均是执法如山。其次是将管理和科技深度融合。在美国高速公路上开车，基本看不见警察，可一旦违章，警察总会在第一时间赶到。这就是科技的力量。美国还在不断加大公路智能化管理的投入。早在 2001 年，美国国会就通过议案，拨款 268 亿美元用于智能运输系统建设。此外，确保货车司机良好的职业道德和体面的职业生活，也是重要手段。美国卡车司机年收入一般在 2.9 万～4.2 万美元，一人工作足以养活一家人。而我们的司机，老老实实开车赔死，每月罚个三五次还能赚翻，躲过一次算一次，充满侥幸心理。

我们要借鉴国际经验，解决法律缺位、非法生产改装、“大吨小标”、治超检测点布局不科学、物流价格体系不完善、道路设施性状动态监测不到位、职业教育落后等诸多问题。刻不容缓！

良好的道路交通安全状况，是各方（道路设计者、使用者、管理者等）相互协调、共同努力的结果。预防交通事故，绝非一个部门或几个部门的事，而是全社会的共同责任。不能只追责市场主体，不追责管理主体。OCT 12, 2019

“刷存在感”的正确打开方式

2019年8月26日，中国国际智能产业博览会（重庆）；8月29日，世界人工智能大会（上海）；9月6日，世界数字经济大会（宁波）；9月7日，世界物联网大会（无锡）；9月17日，中国国际工业博览会（上海）；9月20日，世界制造业大会（合肥）；10月13日，中国国际数字经济博览会（石家庄）；10月15日，中国海洋经济博览会（深圳）；10月17日，中国计算机大会（苏州）；10月18日，工业互联网全球峰会（沈阳）；10月18日，世界智能制造大会（南京）；10月19日，跨国公司领导人青岛峰会（青岛）；10月20日，世界互联网大会（乌镇）……

这绝对是好现象，我们的全球化议题和议程设定的能力，有了长足进步，是从全面跟跑、局部并跑到专项领跑的生动体现。由衷点赞！

但是，会议名称的词汇快不够用了，满眼都是全球、世界、国际、跨国……有形之手的动作多了一点，强了一点；无形之手的声音轻了一点，弱了一点。专家来不及赶场子，发言水平和职务职级声誉很不匹配，多是场面话，“普通”话。大家到什么山头唱什么歌，讲的是让东道主喜闻乐听的话。老外也越来越深谙中国国情，宾主皆大欢喜。

我们到底该怎么刷“存在感”？这类活动的使命到底是什么？上海最近举办的一个重要会议，已经给出很好的回答——这类活动，应该是碰撞和交换全球学术新思想、科学新发现、技术新发明、产业新方向、发展新理念的功能性平台；而不能停留在推介区域经济、传统招商引资的老套路上。

应该让市场来决定 / 操盘。应该把赠票数量降下来。OCT 25, 2019

形式很重要，形式主义害死人

没有什么深奥的大道理，形式主义的源头就是“指挥棒”和“政绩观”出问题了。“只要领导能欣赏，不怕政策放空枪，不怕市场在骂娘”“口径同步，表态积极，动作应景，因需造势”“场面上轰轰烈烈，过程中一本正经，效果上空洞虚无，中看不中用”“以文件落实文件，以会议传达会议”……群众的观感，太差了！和中央的要求，格格不入！这是迟滞治理体系和治理能力现代化进程的顽疾，必须根治。

如何将事情做“对”？对照中央要求，对接市场和社会需求，对标先发先进，对表五年规划。这个“对”，需要形式（form）上“对”，更需要内容（content）上“对”。但是成形于20世纪初的“形式主义”（formalism）不这么看，它强调活动的独立性和形式的绝对化，认为形式决定内容，而不是内容决定形式。我们有不少的地方和部门，不知不觉成为了它的信徒：只讲形式上的抽象原则，少有内容上的具象创新。

形式主义的孪生兄弟，是“主观主义”（subjectivism）。以前是“一壶茶，一支烟，一张报纸看半天”，现在是“键盘+鼠标，秀才不出门，知晓天下事”。对上揣摩，对下武断，就是缺乏对真实现场的感知能力。尤其是掌握了一定资源配置权的，“吾心即宇宙”，凭借形式主义和主观主义这一对翅膀，野蛮飞翔。为什么“领导要政绩太急”“领导决策太快”“领导改主意太快”“领导翻烧饼太多”，皆源于此。中国改革开放40年后，百年未有之大变局之际，迫切需要对过往行之有效的“县域/县太爷经济”和“处长经济”进行全面而深刻地迭代。

制衡和监督，尤为重要。治理革命，迫在眉睫。

OCT 29, 2019

有人，才有未来；有人才，才有更好的未来

早在25年前的1994年10月，上海市政府与原国家人事部共同组建了中国上海人才市场，标志着上海人力资源服务业进入了立足上海、服务全国、面向世界的新阶段。

2008年底，上海市人才服务中心（中国上海人才市场）整体搬迁到原闸北区（现静安区）梅园路77号。10年后（2018年），上海人力资源服务业营收达4474亿元，其中静安区为840亿元，占全市接近20%。

2010年5月，人力资源和社会保障部复函上海市政府，同意筹建中国上海人力资源服务产业园区。复函提出："上海是我国人力资源服务业发展起步较早、发展较快、规模较大的地区，尤其是近年来人力资源服务业取得了长足发展，具备了良好的基础。建立中国上海人力资源服务产业园区，必将对上海乃至全国人力资源服务业的加快发展带来积极影响。"同年11月9日，定位于集聚产业、拓展服务、孵化企业、培育市场等功能的我国人力资源服务领域第一个国家级

行业发展集聚区——中国上海人力资源服务产业园区正式揭牌。9 年后的今天（2019 年），中国上海人力资源服务产业园已集聚人力资源企业 260 家，税收规模保持年均 30% 以上的增长态势。

人才服务业——基于人才的专业服务业，推动了基于专业服务的综合性服务业，与其背后的服务业综合改革（以“有形之手”创新作为，为“无形之手”赋能增值），逻辑清晰，“磁场效应”和“雁阵效应”显著，值得各地借鉴。NOV 5, 2019

“十四五”规划：用棍子串起冰糖葫芦

“十四五”规划研究和编制工作的挑战，是前所未有的。我们恐怕不得不压缩“现状递延”的权重，放大“未来引领”的权重，同时留下足够的“机缘把握”空间。

承担“十四五”规划前期研究任务的小伙伴吐槽说，各地日子都不好过，都在得过且过。不同区域、不同阶段，面临的“危”是迥异的。面上看，大家都一样，都在努力寻找新时代高质量发展的路线图。沉下去看，严重分化，冷暖不均。有的是工笔画，有的是大写意。有的是横盘向上，有的是急转直下。有的地方，“十四五”尚可以混，但是如果“十四五”不求变继续混，“十五五”就没法过了。有的地方，“十三五”期间夹着尾巴，预埋了好种子，“十四五”将开始“起蓬头”。

不确定的是外部环境，清晰的是中国图景，难的是地方路径。时代特征、中国特色、板块特点、自身特质，须从大写意渐次“降维”到工笔画，以实在动作解决实际问题。这要求各地准确识变、科学应变、主动求变，以此作为研究主线（“冰糖葫芦的棍子”）。不少研究者割裂了识变、应变和求变，缺现场感，缺竞争思维。“百年未有之大变局”，对我们这个单元，没啥关系吧……这还是比较普遍的观念。

未来6年，中国经济仍“横着飞 + 紧增长”。但是各地不再无差别骑在牛背上，而将冷暖不均，敏感分化。相较于全球，中国依然“大红花”，部分区域“小红花”，还有一些区域“苦菜花”。如果“十四五”考卷不答好，“十五五”压力会更大。过去行之有效的经验，不再管用。政策工具箱缺少新的家伙什儿。压舱石、指南针、显微镜、望远镜、手术刀，都得变了。

大家骑在中国经济牛背上，久矣，疏忽了反向预案的储备，疏忽了差异化探索。战略同构，也达到了空前程度。比如抢人，大家都过于关注抢人，只重视人才的保有量，光强调“净流入”，就是没有人关注现有人才 / 人口的综合素质提升与充分有效地利用。在不少地方，我们看到“高端”人才过剩，他们躺在扶持和补贴的天鹅绒上，候鸟式地穿行于各地，却并没有产生与之相匹配的科技研发“正外部性”，也没有实实在在带动区域经济发展。不少地方财力捉襟见肘，已经“补”不起，“扶”不动了。甚至，有的地方对“一女反复嫁”的少数“高端”人才开列了“黑名单”。

“十三五”及之前，我们要的是“快”（有些地方自我加压，两位数增长，比全国平均速度高 2 个百分点）。未来，比拼的是对“慢”的容忍，让企业“慢慢”长大，让人才“慢慢”成长。职能部门对“慢”有包容，才能真正给企业和人才在客观规律中“快”发展的空间、环境。职能部门如果再继续一味要求“快”发展，只会导致企业和人才“乱”发展。

“十四五”规划，按既有的套路写？不按套路写？按“不按套路”的套路写？太多的规定动作（标配、普配），太少的自选动作（特配、绝配）。盯着的多是“常见病”“多发症”，对自己阶段性的重大问题却疏于梳理。什么叫重大问题？那一定是基础性、战略性、全局性的，尤其是结构性的问题，至少包括时序、空间、产业、人才等。关键的是 KDF 的结构。“现状递延＋未来引领＋机缘把握”，将 KDF 激活、接续、组合好，形成新时代高质量发展的路线图，乃要义所在。

“5 个中心”，是政治家的表述，需要转换成企业家和老百姓的语言。将抽象规划生动化、具象化、场景化，这是市级、区级“十四五”规划必须完成的任务。此轮规划在三个方面，可能会有新要求：① 系统集成：既要、又要、还要、更要；② 极核带动：极核（尖峰）—高原—廊道—网络，组成生产力布局；③ 公共传播：好规划＝“两预两共”，预见先于预案、共识牵引共同行动。

谁在定义未来？未来有点像金字塔结构：量大面广的市场逻辑（塔基），宏观总成的政治逻辑（塔尖），智敏传导的政策逻辑（中间），嵌套组合在一起。政策逻辑既要对照上位要求（政治逻辑），更要对接基础诉求（市场逻辑）。

未来不应再是线性外推，它如分形之花旋转反复，跳跃迭代，混序展开。有些业态自由落体式衰竭，有些业态凤凰涅槃后重生，有些业态天外来客般空降。我们更感受到，继“计划”向“规划”降维后，“规划”渐渐向“策划”降维。我们能做的，兴许是尽可能策划生动而具象的项目（比如独立组网的5G），以更友好的界面和接口，通向未来。NOV 18, 2019

什么是不大好的营商环境

各地在自我营销时，常满怀豪情拍胸脯，“你在我这里投资，有任何事情，直接找我，我统统给你解决”。如果找不到领导，或者领导搭理不及时，怎么办？还有一种情况，领导太忙，“白＋黑”“5+2”，大会连小会，一项文件需要更多文件来落实……这样的地方，营商环境都会打点折扣。

既然找领导不好，那就找部门？职能部门现在的态度可好了。笑盈盈地请进门，“您的事，就是我们的事，领导高度重视，我们一定全力以赴。不过，请多给一点时间。我们查下现行的规章制度，走下必要的程序。只要没有红灯，一定放行”。这下，解释权全归了它。我们称之为“玻璃门”“弹簧门”之后的“程序门”。这扇门，不大好开启。

如果万幸，没有红灯，但是绿灯坏了，或者一直闪着黄灯，怎么办？干等，还是咬牙跺脚冲过去？在“以偏治偏”的环境下，涉“黄”，可以说是企业最大的不确定性。往往是成也黄灯，衰也黄灯。赶上风口，是创新，赶不上就成了企业家的原罪。不闯黄灯，超额利润从哪里来？没有超额利润，还叫“成功”？创业，就是改变形态、突破边界、扩大自由。要阳光下的“清”和“亲”，而不是通过不作为、少作为来保证面上的“清”，同时又存在私底下“亲”过头的状况。

有的地方有的部门说，企业你不要担心，我走近你，走进你，零距离服务，甚至，我隔三岔五来看看你，美其名曰，把大调研进行到底，把贴心服务送上门。企业那个有苦难诉啊。陪，是个事儿；不陪，那事儿就大了。有企业家吐槽：最怕派人来指导我怎么抓生产促销售，再热心的外行总归是外行，你都没在市场跌打滚爬过，居然给我当导师？最好的状态是，你在该在的地方 standby，我有需要自然会找过来。

部门说，理解，明白！为减少人际服务的随意性和可能的干扰，那就多一些“互联网 +”。于是，人机交互的“网上办结率”成为硬指标。为了这个“网上办结率”，企业线下跑断腿的现象不在少数。能否多些“调适”，少些机械啊？宜“网”则“网”，但是也不是非“网”不可啊！

其他的，再比如（不分先后）：

——部门优越感难改，管理欲难改（管理是自上而下，治理可是平等的，共建共治共享才是硬道理）；

——强制性纳税承诺（诱逼企业“吹泡泡”）；

——警税联动；

——挤牙膏式地告知办事要求；

——企业“生”得快，“死”得难；

——招商引资盛会反复搞、项目重复签；

——准入不准营；

——冲动“放”，机械“管”，无法“服”；

——多头、重复执法；

——信息烟囱、信息孤岛遍地是；

——企业迁移难于上青天；

——“收费站”多，“加油站”少，锦上添花多，雪中送炭少；

——崇洋媚外，乱套国际标准；

——文件出得太多，写得比说得好，说得比做得好；

——政策不讲人话，企业听不懂，用不起（肥了一批政策“解释”中介机构）；

——做给领导看，做给媒体看；

——负面清单思维是嘴上说说的，正面清单思维是根深蒂固的；

——财政乱买单（比如为新成立企业刻制公章，是不是对其他纳税人不公平？）；

——领导急于压实责任，部门急于转卸责任，当事人急于豁免责任，就是没有人承担责任；

——考核压力高企。谁来考核“考核者”？

……

总结下，两句话。第一句，优化营商环境，任重道远，空间巨大。第二句，我们的经济增长，空间巨大。每打开一个政策“活结”或疏通一段机制“梗阻”，就能释放一波澎湃的发展行情。这也是我们坚定看多的原因：有动力有压力，以“善制”促“善治”，将其转化为可持续优势和综合性效能。NOV 21, 2019

经济体竞争，归根到底是治理的竞争

美国经济思想史学家海尔布鲁纳，有一段名言：“政府永远处于守势，而市场却始终被认为一切都是美好的。当然，经济学家知道，为市场辩护比较对人胃口，而为政府辩护则不讨人喜欢。为此，他们大谈自由。”

为什么会这样呢？古罗马帝国执政官塔西佗曾说：“当政府不受欢迎的时候，好的政策与坏的政策都会同样地得罪人民”。这个卓越的见解被称为“塔西佗陷阱 / 阴影”，后来成为西方政治学定律之一。通俗地讲，如果职能部门失去公信力，无论说真话还是说假话，做好事还是做坏事，都会被默认为说假话、做坏事。

全球最大的风险咨询公司美国的欧亚集团曾警告：2007 年是经济衰退的开始，2017 年是政治衰退的开始。可以说，以英国脱欧努力、美国“脱美”倾向为标志，世界范围内“有形之手”的作用和作为正在遭受极大的质疑。

纵观全球经济周期波动，我们认为，经济危机的实质是“双失灵”，而不仅仅是“market failure”（市场失灵）。好的治理，可以帮助市场在一定程度上削峰填谷，减少振荡，尽早走出“market failure”的泥沼。哪怕是自我标榜最具自由主义倾向的经济学家，穷经皓首地创新理论、搭建模型，通过“旋转门”到政府部门任职，都是为了在深刻洞见市场变化的基础上，及时给出精准的解决方案，都是为了“更好的治理”。

经济体竞争，归根到底是治理的竞争。什么是“更好的治理”？简言之，是更早识变、更少管制、更有保障（发挥市场在资源配置中的决定性作用），是可持续、不可逆。NOV 28, 2019

上海乡村的鸡鸭猪到哪里去了

07

在一次前滩综研财经下午茶上，一位专家型领导提出了这个问题。当时大家都不敢轻易回答——肯定是话中有话，不好仅仅从字面上理解。

领导自答：都到“墙”上去了。言下之意，上海的乡村振兴，功夫做在表面，形式主义太厉害。振聋发聩！我们对郊区，对乡村，不够用心、用情、用智慧，没有深度挖掘郊区农村的价值，没有用好这块广袤的战略空间。很多地方，不像城，不像镇，不像村，没有田野的颜值，没有乡愁的醇厚，没有好风景驱动的新经济。理念不对，肌理不符，产业不振。

大家进而问：我们的乡村，应该具有什么样的时代特征、中国特色、上海特质？我试着回答：

——它是低碳生态的。既要保持江南自然禀赋本底，又要体现人文风情风貌原生态。通过大分散小集聚，让村落“特”起来，“实”起来，“富”起来，“通”起来。

——它是普惠包容的。市区协同，部门联动，以不同尺度的共同体，共管共治，共建共享，传承东方社会的家庭伦理，光大中国价值观。

——它是精细有序的。规划有弹性，谋划有准星，精确推进，精心配套。有重点，有留白，有节奏，有温度。

当务之急，是缩短心理距离（包括郊区和市区的心理距离，村民和市民的心理距离）。很多郊区群众，把到市区办事叫“到上海去”，心理距离可见一斑，总觉得自己不是上海在新时代实现高质量发展的主力军。要让上海引以为傲的公共服务可持续地覆盖到乡村，惠及乡邻。要让城区群众到了乡村，流连忘返，不想离开。因为这里既有郊野公园的生态景观，也有完备的公共配套，可以非常便捷地“链入”交易和交际的大循环，没有“掉线”“掉队”之虞。

不要以为上海市区多牛，就以为上海的农民农村农业不重要。上海乡村的价值，要在资源要素的“对流”中充分释放出来。

充满期待。**DEC 12, 2019**

为什么基层负担越减越重

今年是基层减负年。不过基层负担好像越减越重。有些公务人员吐槽自己已没有美好生活，工作效率效能大打折扣。对此现状，不能等闲视之。原因到底在哪里？

——可能是“牛鞭效应”。牛鞭在掌鞭人的手里，哪怕只是稍微抖动一下，在鞭梢就会产生非常大的变化。自上而下，考核要求被层层加码、逐级放大。原本正常的任务，被传导到基层，泛化、扩大化甚至异化。基层自然是不堪重负。

——可能是“针线效应”。上面千条线，下面一根针。基层工作者直接面对服务对象，是百搭，是千手观音，必须精神饱满地处于待机状态，响应零时滞，执行无条件。穿针引线，缝合上下，“熨平”社情。不少基层工作者可胜任领导岗位，领导往往做不了基层工作，恐非玩笑。

——可能是“指挥棒效应”。比如网上办结率，本来是方便群众的好事情，但是碰到不会操作 APP 的年老者，怎么办？明明办事者已经到了现场，就是不给办理。工作人员苦口婆心，劝导办事者交出手机，代为注册、申办。如此，指标是上去了，工作量也大大上去了。据说，微信公众号订阅量，也成为对基层考核的指标之一。

——可能是“包装效应”。如果有成绩，美滋滋“形于色”，呈现出来。如果没有成绩，那就更需要“色于形”，内容不够，形式来凑嘛。如果上头是形式主义的，那么基层肯定会以几倍于上头的形式主义去效尤，或者去“反抗”。文件和会议可能是少了，微信群却多了，“群来群往”被视为“出实招、用实功、得实效”的凭据。

如何破之？简单！让职能部门管得少些、少些、再少些（减权限、收资源、控人员），让市场空间大些、大些、再大些，让传导机制更智敏，把考核的指挥棒还给群众。DEC 24, 2019

搞调研就是要搞清楚“13+X”点

首先要搞清楚痛点，是为什么事情而困顿、纠结、烦恼。问题导向，前提是梳理清楚问题的轻重缓急、大小长短，分分层次、分分类型，有个量化评估。还有另外一种情况，不是狼狈地被问题撵着屁股走，而是希望好上加好，主动求新求变，这是痒点。痛点往往是出血点，痒点则不然，不解决无碍大局，若解决更美好。

分析问题，要扭住牛鼻子事项，抓住主要矛盾，也就是焦点和重点。焦点往往是显性的，甚至是舆论漩涡的中心，但它不一定是重点。领导之所以是领导，是因为在大家盯着焦点问题时，他有火眼金睛，能化繁就简，识别牵一发而动全身的重点，一举击之。

没有无缘无故的爱与恨。事物动态发展，它的起点是什么？在不同程度上，以不同方式去干预，甚至不干预，会有什么结果（终点）？需要厘清边界、动因、逻辑，进行情景模拟，储备各种预案。

但是，人们再“耳聪目明”，还是会有盲点。一个人 80% 以上的感知来自眼睛。遗憾的是，即便亲眼所见，也不能轻易相信。需要更广的视野，更强的穿透，更多的维度，更丰富的信源，在交叉比对中清洗资讯杂质。

几乎所有的矛盾，都和存量分配相关。最好的解决方案，都是在约束条件下，让增量来填补缺口、化解矛盾。谋划增长点，就是谋划生命线。增长点不是“黄河之水天上来”，而是在存量基础上接续、转换、迸发、涌流。历史和当下的结合点，当下和未来的结合点，时间、空间、“人”（本地居民、外来“游”民、企业公民）间的结合点，非常紧要。

现状递延，积小折为大拐，是通用思想。当然，也要积极追求颠覆性创新，这需要突破点。我们说通盘谋划、点上突破，就是这个意思。有些领导经常把突破点挂嘴边，实际是误会了它的本源要义，把阶段性工作的聚焦方向“泛化”为突破点。突破点是战略性的，往往也是事物演化的转折点。突（突击）而不破的工作点，不是突破点。

我们要善于解构（还原），更要善于建构，搭出未来世界的“四梁八柱”，这就是支撑点。基础要扎实，承载力强大，有韧性，耐腐蚀。最好是组合性的支撑点，单点容易出事故，独木难支。

点的串联，就形成线。线的联结，就形成面。面的组合，就形成“体”（系统）。没有点，就没有系统。

系统，简而言之，由两样东西组成，“元素＋关系”。痛点、痒点、出血点、焦点、重点、起点、终点、盲点、增长点、结合点、突破点、转折点、支撑点这13个点，实际上都是微妙的“微系统”。

当然，还有其他的“点”。比如兴奋点（领导的关切），这真是一个让人又爱又恨的点。研究解决方案，到底是痛点导向，还是兴奋点导向？痛点和兴奋点经常不一致。兴奋点是飘忽的，多变的，“永远是对的”。对研究机构而言，应该柔性响应兴奋点，敢于建设性对立和补台。立足上述“13+X”点，咬定青山不放松，需要勇气，是门艺术，更是科学。DEC 26, 2019

说都说不清楚，怎么能做得好

这句话是某位大领导说的。由此想到说话做事的几重境界。第一重：想得到，想得好（思考）。第二重：说得到，说得好（传播）。第三重：做得到，做得好（实践）。

——思考，源于主体对信息的加工。这个“信息”，包括已知的、未知的。这个“加工”，包括推理、演算。思考，有维度、角度和强度等。思考，是进步的阶梯。懂得思考，就是启动了进阶的程序。

——传播，则是信息流动的过程，指信源通过信宿和信道，进行传递和反馈，who 对 whom，通过 what channel，说了 what，取得 what effect。我们善于宣传，后来升级到推介，但总体上还是不大会传播。最好的广而告之，是公共传播。最好的公共传播，润物细无声，建立广泛、清晰、强烈的“共同意识”，把“独有”变成“共有”。

——实践，可不是“just do it”那么简单。有心栽花（虽然花不开），是实践。无心插柳（即便柳成荫），就不是实践。实践是有目的、社会化的自觉行动。

实践的结果，是精神见之于物质、主观见之于客观。积极结果，是不同程度地改变了形态，突破了边界，扩大了自由。当然也有消极结果。总之，实践是检验真理的唯一标准。

“领导力 = 思考力 + 传播力 + 实践力”，缺一不可。领导力是高度稀缺的。被《华尔街日报》誉为“管理学十大发言人”之一的沃伦·本尼斯说：“领导力是一种美。”美国前国务卿基辛格曾说：“领导就是要带领他的人，从现在的地方，奔向没有去过的地方。”如何奔向未知之地？就需要勤于思考、精于传播、勇于实践，以自身之“美”去感召和带动人们。DEC 27, 2019

说在后面

当好“红军”，也能当“蓝军”

智库和咨询公司有啥区别？可别急着把“情怀”和“价值观”搬出来，因为没有任何一家公司不公开宣示这两项追求。2019年8月19日，美国商业组织“商业圆桌会议”（Business Roundtable）联合签发《公司宗旨宣言书》，认为一个公司最重要的目标，不再是股东利益，而是创造一个更美好的社会。显然，仅仅从“情怀”和“价值观”维度来认知智库及其客户，是远远不够的。

我们在N轮大讨论之后，粗浅地提出，智库的要义在“智”，也在“库”，更在“公共”：以公共治理为研究对象，以影响公共部门为研究目标，以增进公共利益为研究导向，以开放公共平台为研究手段，以公共政策建议为研究成果。智库工作的路径，不外乎T（Think tank，智库） to G（Government，政府） to P（Public，公众），或者T to B（Business，企业） to P，也可归并为T to X（任一间接客户） to P。内核是学术，起点是智库，媒介是政府和企业，终点是公众。

谁是智库的客户？智库的直接客户是政府和企业，间接客户/终极客户是公众。智库，归根到底是

对间接客户 / 终极客户（市场主体和社会主体等）负责的。

不从间接客户 / 终极客户的结构性诉求出发，不从经济和社会发展的结构性需要出发，而是根据领导的偏好行动，或者瞅着有关部门可能释放这方面的政策红利，临时急吼吼地开展应急研究和应景研究，是最差的一种状态。很难想象，这样能为直接客户提供高质量的决策辅助产品。这种状态之下，一定是急功近利、挂一漏万的，是务虚申报型而非实务操作型的，其实际效用也是极为有限的。很多智库的可行性研究，往往是可批性研究。是不是市场需要，另说，但一定是领导需要。有些智库离领导太近，离现状太近，离市场太远，离未来更远；是线性思维，趋势外推；不敢颠覆跳跃，不敢走出舒适区，不敢革自己的命。

智库应该扎扎实实丰富决策者的工具箱，当好“红军”，也能当“蓝军”，尤其不能异化“领导批示”这个指标。要耐得住寂寞，坐得了冷板凳，挨得了批评。不能千军万马都去搞显学研究，都围着热点转。

国家高端智库应该定位在开放型功能性平台，不能独乐乐，要带动一片、影响一群、培育一代。